【ちきゅう座ブックレット】①

沖縄と日米安保

問題の核心点は何か

塩川喜信編集

1960年6月18日、国会デモ

社会評論社

沖縄と日米安保　問題の核心点は何か＊目次

資料篇

プロローグ

「ちきゅう座」編集長　塩川喜信

2006年4月にサイト「ちきゅう座」を立ち上げてから今年で5年目に入ります。心ある方々のご支援で、硬派のサイトとしては月間のアクセス数30万台を維持し、本年1月には36万のアクセスを頂きました。まだまだ不十分な点は多々ありますが、今後とも一般のメディアが報道しない問題や、核心に踏み込む分析を提供してゆくべく、努力を続けていきたいと思っております。

こうした努力の一つとして、「ちきゅう座」としては初めてのブックレットを刊行することにいたしました。1960年の安保改定から今年は50周年に当たります。政権交代後の揺れを含みながら、ようやく明らかにされつつある日米の密約・密議をふまえて、沖縄をはじめとする米軍の基地問題にも新しい光を当てる可能性が出てきています。また米軍駐留を違憲とした「伊達判決」から51年を経過し、米国公文書館で発見された当時の駐日大使の公電などをめぐって、情報公開請求が行われています。

こうした状況を可能な限り解き明かそうと、日米安保及び沖縄を中心テーマとして、練達のベテランジャーナリストの方々に執筆をお願いし、さらに沖縄からの声を頂きました。

日米安保改定から50周年と書きましたが、ひところ多く使われた「日米安保体制」という用語を耳にすることはめっきり少なくなり、代って「日米同盟」という用語が頻繁に登場するようになりました。この経緯については、ブックレットの中で詳細な分析がなされると思いますが、91年のソ連崩壊以降、状況の変化に対応すべく何回かの安保の見直しが行われ、97年の「新ガイドライン」、98年の「周辺事態法」、そしてアフガン戦争、イラク戦争への加担などを通じて、日本外交と自衛隊はアメリカの世界戦略にますますまきこまれ、「安保体制」という用語自体が空洞化しつつあるためと考えられます。その典型は「極東条項」に示されています。1960年2月26日の「極東」の範囲に関する政府統一見解によれば、極東の区域は「大体においてフィリピン以北ならびに日本及びその周辺の地域であって、韓国及び中華民国の支配下にある地域もこれに含まれている」となっていました。それから50年、イラクやアフガン沖への自衛隊の出動を見れば、安保条約における「極東」は、もはや何の意味も持たなくなっていることは明らかです。

1959年3月30日、砂川の基地拡張反対闘争で基地内に入り、刑事特別法違反で起訴された被告に対する裁判で、東京地裁伊達秋雄裁判長は「我が国が外部からの武力攻撃に対する自衛に使用する目的で合衆国軍隊の駐留を許容していることは、（中略）日本国憲法第9条第2項前段によって禁止されている陸海空軍その他の戦力の保持に該当するものといわざるを得ず、結局わが国に駐留する合衆国軍隊は憲法上その存在を許すべからざるものといわざるを得ないのである」といういわゆる「伊達判決」を下しました。2008年4月、新原昭治氏がアメリカ公文書館で入手した「伊達判決」に関する公文書によれば、判決の翌31日、閣議の開かれる前に藤山愛一郎外務大臣はマッカーサー駐日大使と会見し、大使は「私は、（中略）日本政府が直接最高裁に上告することが、非常に重要だと個人的には感じている」と跳躍上告を勧め、「藤山は全面的に同意すると述べた。（中略）藤山は、今朝9時から開かれる閣議でこの上告を承認するように促したいと語った」と国務省、太平洋軍司令部、在日米軍司令部宛に公電を発しています。

さらに大使は4月24日付の公電で、「内密の話し合いで、本件の裁判官田中（耕太郎最高裁長官）は、大使に本件には優先権が与えられているが、日本の手続きでは、審理が始まったあと判決に到達するまでに、少なくとも数ヶ月かかると語った」と述べています。

本年4月2日、外務省は砂川事件被告らの請求に対し、記録の一部を開示しました。それに依れば、伊達判決の2日後の4月1日、日本側は藤山外務大臣、外務次官、条約局長、同次長、条約課長、アメリカ側はマッカーサー大使、レンハート公使、ハーフ書記官が出席して、「伊達判決」にもかかわらず、と云うより「伊達判決」に対抗する為にも安保条約改定交渉を継続することを確認しています。その冒頭でマッカーサー大使は「大臣から裁判問題に付日本政府の考えを話されたと云ふことにして戴いては如何かと思う。米側は本件には一切コメントを差し控えていることとご承知の通りであるが、若し大臣の方からご説明があったと云ふことなら交渉継続も日本側のイニシャティブなることがはっきりすべし」と語っています。日米安保改定には岸首相の熱意が反映されていたことは事実ですが，前日には跳躍上告を藤山外相に勧めておきながら、「日本側のイニシャティブ」の形を取ることを提案するとはまさに「語るに落ちる」と云うほかありません。但しこの開示された情報は、本書の校正がほぼ終了した時点で明らかにされた為、残念ながら本書の諸論考には反映されていません。

１９５９年12月16日に下された最高裁判所の判決は憲法判断を避け、「(安全保障条約の）内容が違憲なりや否やの法的判断は、その条約を締結した内閣及びこれを承認した国会の高度の政治的ないし自由裁量的判断と表裏をなす点が少なくない。それ故、右違憲なりや否やの法的判断は、純司法的機能をその使命とする司法裁判所の審査には、原則としてなじまない性質のものであり、従って、一見極めて明白に違憲無効であると認められない限りは、裁判所の司法審査権の範囲外のもの」として、伊達判決を破棄し、東京地裁に差し戻しました。

閣議前にアメリカ大使から跳躍上告を勧められ同意した外務大臣、係争中の事件の見通しを大使に語った本来司法の自立を護るべき立場の最高裁長官、「日米安保」の背後には、こうした密談政治が存在したことを忘れるわけにはいきません。こうした経緯に関するすべての情報を公開することを関係機関に強く要求したいと思います。

3月9日、岡田克也外相は、日米の密約に関する外務省調査結果と、有識者委員会の検証報告書を公表しました。日米密約については、以前からその存在が指摘されていましたが、政府は一貫してその存在を否定、日本外交の要と政府が主張してきた日米関係は、かくも長い間嘘で塗り固められた、国民不在の虚構の上に存在してきたことになります。核持ち込み密約、朝鮮有事の際の米軍出撃を事前協議なしで認める密約、沖縄への核再持ち込みを承認するとの密約、沖縄返還時の原状回復費を日本が肩代わりするとの密約、こうした密約は、それがなされたときに明らかにされれば、当時の政府の瓦解にもつながりかねない重大な密約です。これらをかくも長期間隠蔽してきた自民党政権と外務省の責任は、厳しく追及されなければならないことは明らかです。

同時に、こうした疑惑を厳しく追及せず、とりわけ沖縄返還時の原状回復費肩代わり密約をスクープした元毎日新聞記者西山太吉氏に対して、問題を外務省女性職員との男女関係に矮小化しようとした検察の尻馬に乗って、真実の追究を避けてきたメディアの責任は大きいといわざるを得ません。

これは過去の話ではなく、現在のメディアの姿勢にも通ずる問題です。例えば、普天間基地の移転についての報道があります。95年米兵による少女暴行事件を契機に激化した沖縄における反基地闘争に対して、普天間基地移転問題が出てきたのですが、それを辺野古への移転と絡めたのは当時の自民党政権と外務省・防衛庁であって、本来は普天間基地の移転を要求し、移転先はアメリカ政府が自らの責任で、その支配権の及ぶ地域で決めるべき問題でした。裏側からはこの件に関して様々な話が流れていますが、沖縄民衆や日本国民の利益を考えずに、日米政府に対する批判的見地を放棄し、「日米関係の危機」とか「鳩山政権の優柔不断」などの報道姿勢をとり続けている現在のメディアは、西山氏への報道姿勢と何ら変るところがないといえるでしょう。

１９５５年～57年の砂川闘争から60年安保闘争にいたる１９５０年代後半は、所謂「逆コース」に対して，反戦平和の戦いが戦後最大の盛り上がりを見せた時期でした。そしてこうした盛り上がりの一端を当時のメディアも担っていました。

それから約半世紀、労働運動をはじめ様々な社会運動は沈滞し、メディアも「社会の木鐸」としての役割を大きく低減させました。このような状況の下で、サイト「ちきゅう座」は、言論の自由な広場を創造することを目的に創立されました。その底には当然現在のメディアの状況についての深い危機意識があります。このブックレットを読んで下った方々が、安保や沖縄の基地問題について考えてくださると共に、私たちの立場、このブックレットに載っている論考へのご感想・ご意見・ご批判を寄せてくださり、豊かな論争、対話の場を作ることにご協力くださるようお願い申し上げます。そして、まだまだ不十分な「ちきゅう座」をより充実したサイトに育てるため、会員やサポーターになってくださる、原稿や感想を寄せてくださる、なるべく頻繁にアクセスしてくださるなど様々な方法で、「ちきゅう座」に力を貸してくださるよう心よりお願い申し上げます。

日米同盟50年、日本のメディアの驚くべき「変質」

柴田鉄治

日米安全保障条約に調印する吉田全権
サンフランシスコ　1951年9月8日

一　普天間基地の移設問題で奇妙な大合唱

2009年8月30日の総選挙で、民主党が圧勝し、歴史的な政権交代があった。戦後60余年、さまざまな動きはあったが、実質的にはほとんど自民党政権が続いてきたといってよく、日本は世界でも珍しい「政権交代のない民主主義国家」だといわれていた。

それが、ようやく本格的な政権交代が実現し、「日本もやっと普通の民主主義国になったか」と国民も好感をもって迎え、政権交代に大きな期待を抱いた。この国民の期待を反映して、日本のメディアもおおむね鳩山政権の発足を歓迎し、順調に滑り出したかにみえたのである。

ところが、どんな政権交代でも最初の100日間は「蜜月期間」だといわれるのに、その100日も経たないうちに、新政権とメディアの間がギクシャクしはじめた。それもすべての問題でいうわけではなく、沖縄の普天間基地の移設問題に突出して起こったことであり、しかも極めて「異常な形」で噴出したのである。

普天間基地というのは、沖縄・宜野湾市の住宅密集地のど真ん中にある米海兵隊の基地で、これまでにもヘリコプターが街の中に墜落するような惨事などもあって、その移設は沖縄県民の悲願だった。しかし、普天間基地の移設問題は、自民党政権下でも、移設が決まってから13年間もまったく動かなかった難問中の難問であり、解決はそんなに簡単なことではない。

一応、自民党政権と米国との間では、同じ県内の名護市の辺野古の海を埋め立てて新基地を造るという案が合意されているが、それには沖縄県民が強く反対しており、先の総選挙でも「国外か県外への移設を目指す」としていた民主党が、沖縄県内のすべての選挙区で勝つという結果が出ていた。

したがって、もし鳩山政権が発足から3ヶ月も経たないうちに、「先の合意通り」と決定していたら、それこそメディアはそろって「選挙の公約はどうした」と非難の大合唱をしてもおかしくない状況だったのである。

それなのにメディアは、その正反対の「早く先の合意通りに決めないと大変なことになるぞ」と大合唱をはじめたのだ。

もちろん鳩山政権のほうも、普天間問題については鳩山首相と岡田外相と北澤防衛相がそれぞれ違ったことを言うというおそまつな場面があったり、あるいは、ゲーツ米国防長官ら米政府の要人が次々と来日し、「米国としては先に合意した計画が最善だと思う」と日本側に『圧力』をかけたりした状況があったことは確かである。

しかし、それにしても「早く決めないと日米関係は大変な危機に陥る」といわんばかりの大合唱は、異様ではないか。

たとえば、政権発足2ヶ月半の12月4日付けの読売新聞の社説は、鳩山首相が決定を翌年に先送りしたことを激しく批判し、「年内決着へ首相は再考せよ」と題してこう書いている。

「首相は日米首脳会談で『迅速な解決』に合意し、『私を信頼して』とまで見えを切った。米政府が今後、首相と日本政府に対して、不信感を一段と募らせることは確実だ。…現行計画が頓挫すれば、2014年の普天間飛行場の返還が宙に浮く。…日米関係を危うくするのは、避ける必要がある」

日米関係がなによりも大事だとかねてから主張している読売新聞や産経新聞が言うだけならそれほど驚かないのだが、ほとんどすべてのメディアが口をそろえて主張するのだから仰天するほかない。

読売・産経だけでなく、朝日新聞まで

12月16日の朝日新聞は、「普天間先送り、鳩山外交に募る不安」と題する大型の一本社説を掲げ、鳩山首相を激しく叱りつける主張を展開した。それによると、こうだ。

「沖縄の基地負担、日米合意の重さ、連立への配慮。どれにも応えたいという鳩山首相の姿勢の繰り返しにすぎない。ただ結論を先延ばしするだけである。…政権発足から3ヶ月。これまでの無策と混迷がさらに続くのだろうか」「優柔不断な態度を続けるのは同盟を傷つけ、ひいては日本の安全を損ないかねない危険すら感じさせる」「日米間の交渉が長期化する可能性も大きい以上、普天間返還が『凍結』されることも覚悟する必要がある」

これが朝日新聞の社説かとびっくりするほど、読売新聞の主張とそっくりである。日本のメディアは、いつからこんなにも「米国べったり」「米国一辺倒」になったのか。

もっとも、朝日新聞についていえば、これだけいっても鳩山首相は年内決定をせずに「翌年5月まで」と期限付きで先延ばしするや、またまた態度を変えて、12月29日の社説では「普天間移設、本気で県外を探ってみよ」と主張した。朝日新聞をはじめとする各メディアは、鳩山首相を優柔不断の無策・混迷と批判しているが、迷走しているのはむしろメディアのほうではないのか、と皮肉の一つも言いたくなる状況だ。

日本は米国の属国ではなく、立派な独立国である。世界の独立国で外国の軍隊を常時これほど駐留させている国はそうはないのである。しかも、占領下そのままといってもいい沖縄県民の過大な負担をほんの少し減らそうというだけのことなのである。普天間基地の移設がうまくいかなかったら、日米同盟が崩壊してしまうかのようなメディアの報道ぶりは、あまりにも大げさではないか。

米国の「圧力」も、メディアの誇張？

このメディアの報じ方の背景には、相当な米国側の圧力があるのだろうと最初は思っていた。ゲーツ国防長官の「合意通りにいかなければ海兵隊のグアム移転までなくなるぞ」という『脅迫的な言辞』まで報じられていたからである。

ところが、それもどうやら違うようなのである。たとえば、12月22日の夕刊各紙に載った「クリントン米国務長官が藤崎大使を呼んで普天間基地の新たな移転先を探す鳩山政権の動きに不快感を表明し、現行計画の早期履行を改めて求めた」（朝日新聞）という記事も事実に反するというのだ。

国務省のスポークスマンの次官補が翌日、記者会見して「大使は呼ばれたのではなく、大使のほうから会いに来てクリントン長官のもとに立ち寄ったものだ。大使は基地問題でもう少し時間が必要との意を伝えた。われわれは現行計画が最善だと思うが、日本政府とこの問題で協議を続けていくつもりだ」と語ったというのである。

この会見については日本のメディアも短く伝えたが、それらの記事には「現行案が最善」と述べたことだけを強調したもので、「呼ばれた」ことを否定した部分にはまったく触れていないのだ。

日米関係を詳細にウォッチしている藤田博司氏（元共同通信ワシントン支局長）は、こうした事実を指摘したうえで、こう言っている。「呼ばれたことを否定した次官補の発言を伝えなかったのは、うっかり聞き漏らしたというより、意図的に無視したとしか思えない。またクリントン長官がどのような形で『不快感』『不信感』『憤り』を表明したのか、現場の記者たちが次官補に質問した形跡も、会見の記録にはない。これで公正な報道といえるだろうか」

読売新聞の当の夕刊の見出しは「米国務長官、駐米大使異例の呼び出し　『普天間』先送り了承せず」という激しいもので、翌日の朝刊でも「米側による駐米大使の招請は、米政府の鳩山首相に対する不信感が頂点に達していることを示すもの」と解説していた。そんな報道内容が、そっくりひっくり返ってしまったのである。

日本のメディアが米国一辺倒というより、米国の思いを過剰に忖度してまで報道する理由は何なのか。しかも、1社や2社というのでなく、大合唱なのだから不思議である。それがどれほど異様なことであるのか、まず歴史から考えてみたい。

二　安保騒動と7社共同社説

日米安保条約は、いうまでもなく1952年のサンフランシスコ講和会議での日米両首脳の署名に始まるのだが、そのときは占領状態が終わり、日本が独立することに国民の関心が集中して、メディアも国民もそれほど日米安保条約に深く考えをめぐらすことはなかった。したがって、日本のメディアや国民が日米安保に真正面から向き合ったのは、1960年の安保改定と、それを当時の岸政権が国会で強行採決したことに発する「60年安保騒動」からだったといっても過言ではない。

連日、国会を十重二十重に取り巻いたデモ隊と機動隊の激突、そのなかで東大生、樺美智子さんの死もあって、日本社会は騒然とした空気に包まれた。メディアも安保騒動一色といっていいほど、連日、大々的な報道が続いたのである。

安保条約の改定そのものは、いまから考えると必ずしも「改悪」ではなく、前より悪くなったわけではないのだが、なにせ国会での強行採決という強引な手法と、岸首相が戦前の日本を戦争に導いたA級戦犯のひとりだったという不人気も加わって、国民の怒りが爆発したのだ。

メディアの論調も、安保条約の是非を根元から論じるものは比較的少なかったとはいえ、やはり騒動のそもそもの根源として、批判的な見方が多かったようだ。とくに、安保条約によって日本の安全が高まるというより、むしろ米国の戦争に日本が巻き込まれる恐れのほうがより強調されていたように思う。

安保条約の是非論とは別に、当時のメディアは岸政権への批判を強め、筆をそろえて岸首相の退陣を迫った。当時のメディアがどれほど論調を同じくしていたか、そのことを雄弁に物語っているのが「7社共同社説」である。

樺美智子さんの死で安保騒動のデモ隊の動きが一段と激し

さを増したとき、「このまま進むと、議会制民主主義が危うくなる」と心配した朝日新聞の笠信太郎・論説主幹の呼びかけで、日本の歴史上初めてといっていい「7社共同社説」が実現したのだ。

その内容は「暴力を排し、議会制民主主義を守ろう」と呼びかけたもので、デモ隊には自制を、また岸首相には退陣を迫ったものだった。

この7社共同社説については、当時から賛否両論、さまざまな議論があった。とくに、共同社説のなかに「よってきたる所以はともかくとして」という一節があったことが激しい論議を呼び、批判の声も少なくなかった。

しかし、この共同社説の効果かどうかはともかく、岸首相も退陣し、デモも沈静化して、社会が平穏を取り戻したことは確かである。

この7社共同社説の是非論はさておくとして、ここから明確に言えることは、当時のメディアは、共同社説がまとまるほど論調が一致していたという事実である。60年代の日本のメディアを論じるとき、そのことを最も明確に示す一例としても、7社共同社説は避けて通れないテーマだといえよう。

ベトナム戦争にもそろって反対

60年代の日本のメディアの論調がいかにまとまっていたかを示すもう一つの事例は、ベトナム戦争にこぞって批判的だったことだ。日本の政府はもちろん米国支持だったが、メディアは政府とは見解を異にしていたわけである。

毎日新聞の「泥と炎のインドシナ」、朝日新聞の「戦場の村」などはとくに名高いが、どの新聞、テレビも戦場に記者を派遣し、戦争の不条理と悲惨さを読者に伝えた。

こうした報道に日米両国政府は不快感を表明し、駐日米大使が「日本の新聞社には共産主義者が大勢いる」と語ったり、日本の政府・与党はテレビ局にさまざまな介入をしたりした。日本テレビの番組「ベトナム海兵大隊」は、第1部の放映があったところで待ったがかかり、第2部の放映が中止されたり、TBSの北ベトナムからの報告をした田英夫キャスターが降ろされたりしたのである。

こうした動きに、日本のメディアはなんと弱腰なのだ、という声もあったが、逆に考えると、番組に政府・与党が介入するほど、厳しい戦争批判の報道がなされていたことを示すものだともいえよう。

当時のベトナム戦争報道が、現在の普天間報道と、メディアの大合唱という点は同じでも、その方向は正反対、米国一辺倒ではなく、「米国批判一色」だったのである。
なんという違いであろうか。

三　新聞論調の二極分化

戦前の日本のメディアは、テレビはなく、NHKのラジオと新聞だけだった。その新聞が権力をチェックするジャーナリズムの役割を果たしていた時代もないではなかったが、政府側からの厳しい規制と新聞側の自粛に次ぐ自粛で総崩れとなり、チェックどころか、最終的には政府のお先棒を担ぎ、戦争を煽る役割を演じたのである。

日本の新聞はすべて戦前から戦後に継続した。その点は、同じ敗戦国でもドイツとは違い、ドイツの新聞は戦後すべて新たに創刊したものだった。したがって、日本の新聞はどの新聞も戦前の「前歴」を読者に詫び、「二度と過ちは繰り返さない」と誓って戦後の再出発をしたのである。

その誓いを守って、50～60年代まではそろって政府・与党に厳しい姿勢を保ってきた。前節でみたように、安保騒動やベトナム戦争に対する報道もなかなかのものだったといっていい。

ところが、それも60年代までで、70年代に入るとまず産経新聞が「政府・与党寄り」に論調を転換させた。「日本の新聞はすべて左翼に偏向している」と宣言しての転向である。当時の産経の論説委員長が「いまは孤立しているが、やがてすべての新聞が産経に同調してくるだろう」と自信満々の言を読んだ記憶がある。

そのときは産経に批判された新聞の一つだった読売新聞が、80年代の入ると、大きく舵を切る。あのナベツネ氏、渡辺恒雄氏が論説委員長になって論調を転換させたのだ。まず83年元旦の社説で「日本は東西対決の西側の一員」と強調して、米レーガン政権と中曽根政権を支持することを明確にした。

そしてさらに84年の元旦社説で、名指しこそ避けたものの、はっきり分かる形で朝日新聞を激しく攻撃する。「今日の左翼偏向派は、決して自ら左翼と称することはしない。平和とか軍縮とか反核といった大衆の耳に快く響く言葉の中に、それを隠そうとする」。最初はそんな抽象的な表現で始まった朝日新聞批判を、その後、どんどんエスカレートさせていったのだ。

こうして日本のメディア界は、「新聞論調の二極分化」と呼ばれる状態に突入する。「読売・産経新聞　対　朝日・毎日新聞」という構図である。

二極分化は湾岸戦争でいっそう先鋭化

世界は89年の「ベルリンの壁崩壊」で大きく変わり、ソ連の崩壊で東西対決も解消していくのだが、新聞論調の二極分化はそのまま続き、91年の湾岸戦争でいっそう先鋭化する。

湾岸戦争とはイラクのクエート侵略に対して、米国を中心に多国籍軍を組織してイラクを叩いた戦争で、日本は130億ドルもの巨額の戦費を負担したのに国際社会からあまり評価されなかったとして、読売・産経新聞はここぞとばかり、こう主張した。

「日本だけ平和であればいいという一国平和主義では日本は世界の孤児になる。憲法も改正して、日本も軍事的な国際貢献に参加できるようにすべきだ」

これに対して、朝日・毎日新聞などはこう反論した。「日本がすべき国際貢献は非軍事面でいくらでもある。冷戦が終結して日本の平和憲法が輝きを増しているとき、改憲なんてとんでもない」

湾岸戦争を契機に日本社会に噴出した改憲ムードは、その後、急速に沈静化していくのだが、読売新聞だけは改憲に向って突っ走り、94年11月3日の朝刊で、憲法全文の「読売・改憲案」を発表する。

それに対抗して、朝日新聞も95年5月3日の朝刊で、9条を守れという主張を中心とする「護憲大社説」を発表した。二極分化から「読売・朝日の憲法対決」へと発展したのである。

読売新聞の改憲案と朝日新聞の護憲大社説と、その対決の要点をひと言でいえば、読売新聞は「自衛隊を軍隊に変え、軍事貢献もできる普通の国」を目指そうというのに対して、朝日新聞は「非軍事に徹する特殊な国」でもよいではないか、あえていえば「良心的兵役拒否国家」を目指そうというのである。


イラク戦争では紙面や記事の扱いまで違った

世界は湾岸戦争から9・11米同時多発テロ、アフガン戦争、イラク戦争へと進むなか、日本の新聞の「二極分化」はとくにイラク戦争でいっそう激しくなる。イラク戦争に対して読売・産経新聞は「賛成」、朝日・毎日新聞は「反対」。そしてイラク戦争報道では、論調だけでなく紙面や記事の扱いまで、論調に準じて大きく変わった。

たとえば、開戦のほぼ1ヶ月前に、「全地球的な反戦デモのうねり」があり、朝日新聞などは一面トップで報じたが、読売、産経新聞は一面にも出さず、小さく扱った。

また、戦争の直前にイラク戦争について国民に賛否を問う世論調査がおこなわれ、朝日新聞の調査では賛成17%、反対78%、読売新聞の調査では賛成6%、国連決議があれば賛成34%、反対57%と、ほぼ同じような結果が出たのだが、朝日新聞はその結果を一面トップで報じたのに対し、読売新聞はその結果を見出しにも出さず、他の見出しのなかに数字だけを目立たぬように報じたのだった。

さらに戦争が始まるや、米英軍がイラクへ「進攻」、イラクへ「侵攻」と使う言葉まで違った。賛成派の新聞には「快進撃」という言葉まであったのである。テレビは社説がないので、論調は必ずしも明確ではなかったが、使った言葉は「進攻」だった。

四　朝日新聞のぐらつき

これほど二極分化の対立が激しくなっていた日本のメディアが、普天間基地の移設問題では、なぜ、あのような大合唱となったのか。

原因の一つは、これまで自民党政権にぴったりと寄り添ってきた読売・産経新聞が、突然の政権交代に驚き、民主党政権には批判派に転じたという事情がある。これによって、すべてのメディアが政府・与党に厳しい姿勢になったというのなら、メディアの使命からいっても喜ばしいことなのだが、ことはそう単純ではない。

読売・産経新聞が厳しい目を向けているのは、民主党に対してであって、決して権力批判に転じたわけではないのである。それに普天間問題は、かねてから日米同盟が何よりも大事だと言い続けてきた読売・産経新聞にとっては当然の主張で、少しの違和感もない。

むしろ普天間問題での突然の「大合唱」の不思議さをいうなら、二極分化のもう一方の雄である朝日新聞の変化こそ問題にすべきだろう。朝日新聞の安全保障に対するこれまでの論調からいっても、また、どちらかというと民主党に近いのではないかといわれてきた風評からいっても、不可解な主張だと思うからだ。

ことイラク戦争に関しては、開戦の直後こそ「勝てば官軍」とばかり、読売・産経新聞のほうが威勢もよかったが、主要な戦闘が終わってからの大混乱と、戦争の「大義」とされた大量破壊兵器が見つからなかったことや、9・11米同時多発テロの実行犯とされるアルカイダとフセイン政権とのつながりもなかったことが分かって、立場は完全に逆転した。いまや朝日・毎日新聞のほうが胸を張っている。

イラク戦争についてはいま、各国で検証作業が始まっている。当の米国でも、あのブッシュ大統領が、戦争自体の誤りこそ認めなかったものの、情報機関の誤りを認めて謝り、また国連安保理で「大義」をぶったパウエル国務長官も、のちに自らの「人生の汚点」と振り返った。

米国と同調してイラクに攻め込んだ英国では、ブレア首相からブラウン首相に代わったとはいえ同じ労働党政権のもとで5人の委員からなる独立調査委員会が組織され、検証作業が始まった。すでにブレア首相など80人余が喚問され、その様子はすべてネット上に公開されている。開戦前の閣議では戦争の是非をほとんど論議していなかったことや国際法の専門家などに反対論が強かったことなどが明らかになりつつある。

オランダでも同じ政権下で7人の有識者による独立調査委員会がつくられ、検証作業の結果、すでに「国際法に違反する戦争だった」という結論を出している。戦争を支持し、復興支援に部隊を送った自国の行為に反省を迫ったのだ。

こうした各国の状況をみて、朝日新聞は2010年2月22日の紙面に「イラク戦争検証　日本も国家の責務として」と題する大型社説を掲げ、日本も早急に検証作業にかかるよう主張した。いち早く米国を支持し、人道的復興支援として自衛隊まで派遣した小泉政権の対応はどうだったのか、とくに平和憲法を持つ日本では憲法上の疑義もあるだけに、あらゆる角度からの検証が必要だろう。

英国、オランダと違って日本はその後、政権交代があったが、この検証作業は党利党略とは離れて、粛々とおこなうべきことはいうまでもない。朝日新聞の主張は、その点ではもちろん正しいのだが、その影には「イラク戦争に賛成したメディアも、この際きちんと検証作業をすべきではないか」と暗に迫っているところもあるような気がする。

二極分化から憲法対決、さらにはイラク戦争をめぐってこれほど大きな違いをみせてきた朝日新聞と読売新聞が、普天間問題での大合唱とはどういうことなのか。ますます異様に思えてくるが、その変化を生んだ最大の原因である朝日新聞の論調の「変質」は、今世紀に入ってからのこの10年の間に徐々に進んできたものだ。

「ぐらつき」の発端はアフガン戦争と有事法制

その発端は何か。もちろん明確な発端などはあるはずもないが、私の見るところ、2001年の米同時多発テロに対する報復として米国がアフガニスタン攻撃に踏み切ったとき、「限定ならやむをえない」という社説を掲げて空爆の開始を容認したあたりから変化が始まったような気がしてならない。

テロは犯罪であって戦争ではない。犯人がみんな死んでしまったからといって、その報復に無実の国民の頭上に爆弾を落とすことが許されるはずはない。もちろん朝日新聞の社説は厳しい条件付の容認だったとはいえ、「アフガンの一般住民が被害を被るような攻撃をしてはならない」などという条件が現実に守れるのか、空爆体験者の私にはとても理解できないことだった。

アフガン戦争に次ぐ第2の「ぐらつき」は、2003年の有事法制の容認だった。有事法制とは、外国から武力攻撃を受けたとき、戦う自衛隊が現行法を守っていたら戦いにならないから、自衛隊には法律を守らなくてもよいと認め、国民にはそれに協力するようあらかじめ定めておくというものだ。つまり、有事には軍事優先とする法律である。

実際に戦争になれば法律を守っていられないことは確かだが、それと平時に軍事優先の法律をつくっておくこととは、まったく違うことなのだ。有事法制の制定は、その社会が軍事優先の思想を認めることを意味するのである。

戦後の日本社会は、自衛隊の存在は認めても、軍事優先の思想は認めないということでやってきたはずだ。自衛隊が、自衛隊としては当然の有事法制の研究をしただけでも、幹部がその必要性を演説しただけでも、激しく批判され、処分されてきたのである。

それが、米同時多発テロ以降の社会の空気の変化を利用して、小泉首相の「備えあれば憂いなし」という軽い言葉に乗って提出された有事法制に、民主党が修正案を出して賛成に転じるや、朝日新聞まで「民主党案は土台になる」と従来の主張を改め、異例の3日連続社説を掲載して有事法制の容認に踏み切ったのである。

そのとき世間でいわれた言葉は、「民主党の自民党化、朝日新聞の読売新聞化によって有事法制は成立した」というものだった。

五　メディアの劣化をどう防ぐか

メディアの使命は、ひと言でいえば「国民の知る権利に応える」ということだろうが、もう一歩踏み込んでいえば、「平和と人権を守る」ことだといえよう。

その観点からみれば、日本は戦後の60年余の間、曲がりなりにも平和だったのだから、日本のメディアに合格点を与えてもいいのかもしれない。しかし、どうだろう。この半世紀の間の日本のメディアの「変質」ぶりには前章までにみてきたように著しいものがあり、とくに戦争に対する姿勢は、「二度と過ちは繰り返さない」と誓って再出発した直後の50～60年代とは大きな違いをみせている。

戦争に対するメディアの姿勢の変化は、ベトナム戦争とイラク戦争を比較してみるとよく分かる。どちらも米国の戦争であり、日本政府は全面的に米国支持だった点もよく似ている。しかし、それに対するメディアの姿勢はまったく異なり、ベトナム戦争にはこぞって反対だったのに対して、イラク戦争には二極分化した半分は賛成したのである。

しかも、この違いは論調だけではない。戦争取材の姿勢がまるで違うのだ。ベトナム戦争に対しては、日本のメディアはどの社も戦場の第一線に記者を派遣し、戦争の不条理と悲惨さをそれぞれ直接、読者や視聴者に伝えた。戦争取材で不幸にも命を落とした記者までいたのである。

それに比べて、イラク戦争に対しては、日本のメディア（といっても新聞とテレビだが）は、どの社も戦争が始まる前に自社の記者を全員バグダッドから撤退させてしまったのだ。フリーの記者や外国の記者は残っていたのだから、恥ずかしい話である。

日本の新聞やテレビは、フリーの記者から情報をもらって報じていたわけで、日本のメディアの劣化ぶり、ジャーナリズム精神の衰退ぶりをこれほど明確に示すものはないといえよう。

自衛隊の海外派遣にもメディアのチェックは働かず

自衛隊の海外派遣、それも災害復旧活動や国連の平和維持活動（ＰＫＯ）ではなく、「戦争地域」への派遣にもメディアのチェックはほとんど働かなかった。

ベトナム戦争では、米国は同じ同盟国でも韓国に対しては派兵を要請し、多くの韓国兵が参戦したのに対し、日本にはもちろん、自衛隊の派遣などを要請したりはしなかった。日本には平和憲法があり、また、国民もメディアもそんなことを許す空気はまったくなかったからである。

その後、ＰＫＯへの派遣でさえすったもんだした日本が、アフガン戦争やイラク戦争では、米国の要請に応じていとも簡単に自衛隊を派遣したのである。戦争地域への初めての派遣は、アフガン戦争に対するインド洋での給油支援活動だったが、空爆の開始を朝日新聞まで容認したほどだから、メディアのチェックはほとんど働かず、その様子を見て政府は、最初は「好ましくない」と見送っていたイージス艦の派遣も、途中からあっさり実現させてしまった。

イラク戦争への派遣には、反対したメディアも少なくなかったのだが、一方に賛成するメディアもあって、やはりチェックは働かず、憲法に対する疑義も「自衛隊の活動するところは非戦闘地域だ」という小泉首相の強引な論理がまかり通ってしまったのである。

日本は戦前の社会に逆戻り？

自衛隊のイラク派遣に関連してさらに驚くのは、自衛隊の官舎に派遣反対のビラを配った市民３人が住居侵入で逮捕され、75日間も拘留された事件があったのに、それを厳しく批判する「メディアの砲列」が敷かれなかったことである。

団地型の集合住宅に部外者立入禁止の立て札があったといっても、商店の宣伝ビラを配った人は逮捕されていないのだから、これはビラの内容による取り締まり、すなわち「思想犯の取り締まり」だといってもいいだろう。

これでは戦前の社会に逆戻りしたようなものだから、自衛隊派遣の是非とは無関係に、「思想・信条の自由」の立場からすべてのメディアが猛反発してもおかしくない事例なのである。それなのに、厳しく批判したメディアはごく僅かしかなかった。

また、イラクで日本人のボランティアを武装勢力が拉致し、日本政府に派遣をやめよと要求した人質事件に対して、一部のメディアが先頭に立ってボランティアたちを激しくバッシングしたケースも、「お上にたてつく人間は非国民だ」と激しく非難した戦前の社会を思い出させるものだった。

こうした状況は、「平和と人権を守る」というメディアの使命からいっても、また、「二度と戦前の過ちは繰り返さない」と誓って再出発したメディアの『戦後の誓い』からいっても、いかがなものか。メディアの変質というか、劣化を示すものであることは間違いあるまい。

ジャーナリズムは「個」が支える

メディアが批判の砲列を敷くべきところでは敷かず、普天間基地問題では「早く米国の言う通りにしないと大変なことになるぞ」と鳩山政権批判の砲列を敷く。こんなおかしな状況をどう考えたらいいのか。

読売・朝日の憲法対決が明確になった「戦後50年」のころ、日本が曲がりなりにも平和を保ってきた理由について、読売、朝日の間で一種の論争があった。読売新聞は「日米同盟のおかげ」といい、朝日新聞は「平和憲法のおかげ」というのである。

これは見方の違いだから、どちらが正しいかと決め付けるような話ではない。ただ、いかに日米同盟が大事だといっても、日米同盟のあり方についてはさまざまな議論があってしかるべきだろう。とくに、米軍基地をめぐっては、日米同盟重視論者の間でも、現状に異論を唱える人は少なくないのだ。

現に鳩山首相だって、かつては日本から米軍基地をなくす「駐留なき安保」の主張者だったといわれている。日本のなかの米軍基地、なかでも占領時代そのままといってもいい沖縄の状況は、どこからみても異常であり、沖縄の負担を軽減しようという議論が、日米同盟が大事だと主張する人たちの間からこそ、もっともっと出てきてしかるべきだろう。

沖縄の人たちから「本土のメディアは沖縄に冷たい」とよくいわれる。「いや、冷たいというより無関心だ」という人も少なくない。普天間問題をめぐる本土メディアの大合唱は、そのことをはしなくも立証してしまったといえなくもない。

こうしたメディアの変質、劣化をどう防ぎ、どうしたら立ち直らせることができるのか。

「ジャーナリズムは『個』が支える」という言葉がある。ジャーナリズム精神を支えるのは、新聞社とかテレビ局とかいう『組織』ではなく、最終的には記者一人ひとりの「志」

によるところが大きい、という意味である。

記者一人ひとりがジャーナリズムの使命をしっかりと自覚し、志を大事にして、社会に対するチェック機能を発揮していくことだ。メディアの劣化とは、結局のところ「組織」に対して「個」がものを言わなくなっていることではないか。

戦前の新聞が最終的に権力に屈してしまった原因も、組織が個の志を押しつぶしてしまったことだった。「ここでお上にたてをついて、社がつぶれてしまったら元も子もない。社員たちが路頭に迷うだけ」という論理がまかり通ってしまったのである。

いままた未曾有の経営危機に直面して、メディア界にはジャーナリズム精神より組織を守ることのほうが大事だ、といった空気が広がりつつある。そのことが逆に、メディアへの信頼感を損ない、いっそうの経営危機を広げる一因にもなっているのだ。

記者に志がなくなったというのなら何をかいわんやだが、そんなことはあるまい。ただ、その志より組織への忠誠心のほうが優先して発言を抑えている人が多いことが、劣化につながっているように思えてならないのである。

メディアの劣化をくいとめるには、記者一人ひとりに奮起を促すほかに道はない。いまこそ「しっかりせよ」と声を大にして叫びたい。

柴田鉄治（しばた　てつじ）ジャーナリスト
一九三五年生まれ。朝日新聞記者、論説委員、科学部長、社会部長、出版局長などを歴任。朝日カルチャーセンター社長、国際基督教大学客員教授なども勤めた。
著書に、『科学事件』（岩波新書）『新聞記者という仕事』（集英社新書）などがある。

「日米密約」の背景

国民を欺き続けた自民党外交

池田龍夫

藤山外相とマッカーサー米大使の間で批准書交換式。1960年6月23日

敗戦後27年間も米軍占領下にあった「沖縄」が、祖国に復帰したのは1972年5月15日。あれから38年の歳月は流れたが、沖縄は依然〝基地の島〟だ。日本国土に駐留する米軍基地の約75％が沖縄に集中している状況は全く変わらず、地元住民の〝基地固定化〟への危惧は増幅している。この「沖縄差別」ともいえる現状を打開できるだろうか。

2006年以降、米国は「世界戦略強化の米軍再編計画」策定に乗り出し、その一環として「普天間基地のグアム移設問題」が浮上、鳩山由紀夫首相は「5月末までに結論」を目標に、内閣の命運を賭けて全力を注いでいる。一方、「沖縄返還密約」文書開示訴訟のほか「核持ち込み密約」を暴く資料発掘に連動したように、元外務省高官らの〝証言〟が相次ぎ、戦後外交の暗部が洗い出されてきた。また、鳩山・民主党政権誕生（2009・9）に伴って設置された「密約調査・有識者委員会」が検証作業を行った結果、「密約」のベールの一部が剥がされ、「歴代自民党政府のウソ」が暴かれるに至った。日米安全保障条約改定50周年の今年、「日米密約」の背景を探りたい。

一　「沖縄返還」の陰に、政治的トリック

沖縄返還協定は1971年6月11日に調印、72年5月15日に発効して、沖縄が日本に復帰した。69年からの日米交渉で最も難航したのが、返還に伴う財政処理だった。西山太吉・毎日新聞記者がスクープした外交秘密電文を、横路孝弘衆院議員（社会党）を通じて暴露（72・3・29）したことが、「沖縄密約事件」の発端となった。これに対し、時の佐藤栄作首相は「密約はなかった」と強弁、逆に「国家公務員法違反」容疑で西山記者と外務省女性事務官（安川壮審議官付き）を逮捕、問題を男女スキャンダルに矮小化してしまった。一方的な容疑で逮捕された西山氏は、一審（東京地裁）では無罪（女性事務官は有罪）だったが、二審（東京高裁）と最高裁で逆転・有罪判決を言い渡され、刑事裁判は終結した。

〝記者生命〟を奪われた西山氏は故郷に蟄居していたが、2005年5月25日、「密約を知りながら違法に起訴したうえ、密約の存在を否定し続けたことで著しく名誉を傷つけられた」と、国に謝罪と損害賠償3300万円を求めて国家賠償訴訟を起こした。西山氏が訴訟に踏み切ったのは、公開さ

れた「米国外交文書」を研究者とメディアが精査した結果、「復元補償費４００万ドル肩代わり密約」を裏づける文書が相次ぎ見つかったことが動機と思われる。次いで06年2月8日、北海道新聞朝刊のスクープによって、真相に迫る衝撃的事実が明らかになった。「１９７１年署名の沖縄返還協定」につき、外務省アメリカ局長として対米交渉に当たった吉野文六氏の「復元費用４００万ドル（当時の換算で約10億円）は、日本が肩代わりしたものだ」という発言だ。政府関係者として初めて日本の負担を認めた言葉は「密約の存在」を示すものだが、東京地裁→東京高裁→最高裁の壁は厚かった。通算２年半余審理したが、民法７２４条の除斥期間（20年）を盾に、肝心の「密約の存在」についいは実質論議を回避。08年9月2日、最高裁の「上告理由に当たらない」との最終判断によって「原告敗訴」が確定した。

「除斥期間」を防波堤に、「密約」を隠蔽

「機密漏洩」刑事裁判で有罪が確定した西山氏が、民事の「国家賠償請求訴訟」を決意した背景には、密約資料の発掘に刺激され「国家的犯罪を許せない」との公憤が倍加したからに違いない。ところが、法の番人である司法が、下級審から上級審に至るまで「除斥期間」を盾に〝門前払い判決〟で幕引きし、結果的に政治権力に寄り添う判断を示したことに、多くの国民から批判と失望の声が上がっている。

『法令用語辞典』（学陽書房）によると、「権利関係を確定することを目的として一定の期間内に権利を行使しなければ、その権利が消滅することを法が定めている場合に、その期間を『除斥期間』という」と記されていた。除斥期間というハードルのあることは分かるが、「沖縄密約」裁判のケースに、安易に適用すべきでなかった。２０００年を挟んで続々発掘された新資料によって、事実認定の根拠が変わってきたのに、現在の司法当局には「真相に迫る」意気込みが欠落している。過去の最高裁判例に当たったところ、「除斥期間の起算点をずらした判例」もあり、「除斥期間」に固執した最高裁決定は、新資料についての公正な判断を回避したと思える。

この「最高裁決定」が示された9月2日は、「沖縄返還に伴う日米の合意文書・情報公開請求の会」（共同代表・奥平康弘東大名誉教授ら）が、外務・財務両省に密約文書の開示を要求する日だった。「情報公開請求の会」メンバーが会議

を開いていた席に、「最高裁上告棄却」の一報が突然もたらされた。最高裁が〝抜き打ち的決定〟を下したと勘繰られても仕方あるまい。この点につき某弁護士ブログがリアルに分析しており、核心を衝いていると思われる内容の一部を紹介しておきたい。

「いやぁ、挑戦状を叩きつけるつもりが見事に先制攻撃されてしまった。9月2日午後1時、元毎日新聞西山記者のもとへ損害賠償訴訟の上告が棄却されたとの知らせが届いた。私たちが沖縄密約についての文書提示を求める直前に、最高裁が上告を棄却したことは偶然とはとうてい思えない。奥平教授らが『午後2時弁護士会館集合、午後2時15分外務省に情報開示請求書提出』という情報を数日前からマスメディアに配布していた。最高裁は、その集合をあざ笑うように、1時間前の午後1時に上告棄却を伝えてきたのだ」。

有識者が「原告団」を結成、「文書開示請求」訴訟を起こす

この暴挙に対する「情報公開請求の会」の行動はまことに素早かった。最高裁が上告棄却した9月2日午後、直ちに外務省と財務省への情報公開請求に踏み切ったのである。請求した文書は、①1969年12月2日付で柏木雄介大蔵省財務官とアンソニー・ジューリック財務省特別補佐官が交わした「秘密合意議事録」、②1971年6月12日付で吉野文六・外務省アメリカ局長とスナイダー駐日アメリカ公使との「400万ドル（軍用地復元補償）に関する秘密合意書簡」、③1971年6月11日付で吉野、スナイダー両氏が交わした「1800万ドル在沖縄VOA施設海外移転費用の秘密合意文書」――の3文書。これに対し政府側は10月2日、またまた「文書不存在」を理由に、情報公開請求をシャットアウトした。

これに対して有識者は2009年3月16日、緊急集会を開き、桂敬一・柴田鉄治・新崎盛暉3氏を代表者に25人で原告団を結成した。西山太吉・奥平康弘・我部政明・山口二郎・澤地久枝氏らが名を連ね、同時に清水英夫・小町谷育子弁護士ら30人の弁護団も発足した。先に外務省と財務省が「文書開示請求」に応じなかったことに対し、東京地裁に「不開示処分取り消し」訴訟を提起し、「密約3文書」の公開を迫る態勢を整えた。

その第1回口頭弁論が、09年6月16日午後4時、東京地裁で開かれた。被告の国側は、原告が開示を求める3文書につき「いずれも保有しておらず、原告が主張する事実関係につ

いては確認できない」と〝密約の有無〟への言及を避けた。国側が提出した〈被告の主張〉に、驚くべきことが記述されていたので原文を紹介しておく。

「外務省及び財務省は、本件各開示請求対象文書をいずれも保有しておらず、各対象文書に関して原告らが主張する事実関係については確認することができない。なお、一般論としては、二国間又は多国間の合意に向けた交渉の過程において仮に様々な文書が作成されたことがあったとしても、それが交渉の最終的な結果である合意自体でない場合等に、事後的に廃棄されることがある。また、沖縄返還に際しての支払に関する日米間の合意は、琉球諸島及び大東諸島に関する日本国とアメリカ合衆国との間の協定がすべてである。したがって、本件各処分にはいずれも何らの違法はない。詳細は、追って、準備書面をもって明らかにする」。

この「国側答弁書」を受けて、杉原則彦裁判長は「米国に密約文書があるのだから、日本側にも同じ文書が存在するはずだとする原告の主張は理解できる。もし密約そのものが存在しないというのであれば、米国の公文書をどう理解すべきなのか、国側は合理的に説明するする必要がある」と述べた。

さらに「一般論としては、事後的に廃棄されることがある」との国側答弁書につき、「事後に廃棄ということは、当初は保有されていたということか」と問い質す場面もあった。国側は「確認はできない。過去に存在したかどうか、可能性は分からない」と答弁するのが精いっぱいだった。

米国並みの「情報公開」を迫った原告の意見陳述

原告団を代表して桂敬一氏（メディア研究者）と我部政明・琉球大学教授が熱っぽい意見陳述を行ったので、一部をピックアップして参考に供したい。

【桂氏の陳述】「冷戦時代の遺産さながらの沖縄密約は清算、沖縄問題を含めた今後の日米関係構築に必要な政策は、透明性が確保された協議体制の下での検討が望まれる。日本はまず、アメリカの情報公開制度、特に政府交換文書の公開制度を見習わねばならない。それは、政府が立案・実施で過ちを犯しても、いつかその原因を発見、政策を正道に戻す、政治の民主的復元力を保障してきた。日本政府は手始めとして、沖縄密約に関してアメリカが公開したものに見合う文書資料を、もう公開すべきである。本裁判がそれを促し、国民の知る権利を満たし、政府に対する信頼の回復に資する役割を演じられんことを、私は期待する」。

【我部氏の陳述】「今回公開を求める3文書の中核は、アメリカ側は沖縄返還に伴う費用負担を全く行わないばかりでなく、沖縄の米軍基地の返還において、移転に伴う費用に加え日本本土にある米軍基地の施設改善費を日本側に支出させることにあったという点です。………交渉の結末は、アメリカ側の提示した基地返還に伴う移設や基地内の施設改善のための費用を軸にして他の項目も一括で支払う(lump sum payment)とする政治決着で日米が合意しました。それは、佐藤首相の訪米直前の1969年11月12日です。その合意に際して、沖縄返還の財政交渉に終始かかわっていた当時の福田赳夫・大蔵大臣が口頭で覚書を読み上げています。………(これまで述べてきたように)日本側とアメリカ側が署名している合意文書が(アメリカ国立公文書館などに)存在しているのです。明らかに、日本の外務省や財務省にも同一の合意文書が存在しているはずです。政権を担当し、政策を実施すべき政府が、外国政府との間で自ら合意した取り決めを軽視することは、国民の利益を無視することです。政権の都合と国民の利益のいずれかを優先すべきなのかという基本姿勢を理解しえない政府だとすれば、国民の信頼は消滅します。たとえ当時の政権にとって好ましくない合意であったとしても、『知る権利』『政府の透明性』を高めて、国民信頼をかちとり、そして日本の外交の現実を知らせることこそが国民の正確な外交判断を促していくものだと確信しています」。

原告側の〝正論〟に、たじたじの国側は「我部陳述」の取り扱いに注文をつける一幕もあったが、杉原裁判長は、原告の意見陳述を『雑記録』ではなく、『弁論』として位置づける判断を示した。さらに裁判長が、メディアに「密約の存在」を明らかにしている吉野文六・元外務省アメリカ局長を証人に招くよう原告側に促すなど踏み込んだ姿勢を示して第1回弁論を終えた。

「BYのイニシャルは私が署名、文書の写しもとったと思う」

東京地裁での第2回口頭弁論は09年8月25日開廷。杉原裁判長は双方から提出された準備書面について意見を述べ、不十分な点につき更なる文書提出を要請。原告側が吉野文六・元外務省アメリカ局長の陳述書を提出、証拠採用された。これは、第1回弁論の際に裁判長が「吉野氏を証人に招きたい」との意向を示したのを受けて、原告弁護団が吉野氏邸を4回にわたり訪問して面談。吉野氏から沖縄返還交渉の経緯を綿密に聞き取って「陳述書」（資料編に収録）にまとめ、同氏の署名・押印のうえ、出来上がった文書である。

双方が提出した準備書面を確認したあと、裁判長は原告に向かって「密約文書の存在につき、さらに公証を望みたい」と述べたあと、国側の提出書面への意見と要望を提示した。これに対し国側は、「①探したが、文書はなかった。②最終合意ではない、交渉経過の文書だと思われる。③持っていたとしても、廃棄したと思われる」と苦しい回答。すかさず裁判長は、「①交渉担当者はだれか。吉野氏?柏木氏? ②予算折衝の所管官庁は? ③国側の意思決定のプロセスは?報告文書は作成されたのか。④国の意思決定の決裁ルート、最終決定者は誰か。内閣の了承をどうして得たか。⑤文書保管の説明が不十分。北米局に沖縄返還関連ファイルが308冊あるというが、その中で廃棄したものがあるか」などと指摘し、「次回までにもっと具体的な書面を提出してほしい」と要望した。

「柏木・ジューリック会談での『密約』はあった」

2009年8月30日〝天下分け目〟の総選挙で自民党が大敗して、民主党政権が誕生することになった。民主党は「沖縄返還密約」や「核持ち込み密約」などについて調査・検証する姿勢を示し、「情報公開」の期待が高まってきた10月27日、第3回口頭弁論が開かれた。冒頭、杉原裁判長から「吉野・元外務省アメリカ局長の証人喚問につき外務大臣の許諾を求めたところ、外務省から承認する回答があった」との報告があった。これで、次回口頭弁論（12月1日）での、吉野氏と我部政明・琉球大学教授の証人喚問が正式に決まった。このあと裁判長は、「被告（国）側が今回提出した準備書面のうち、大蔵省（現財務省）関係につき、もっと具体的に示してほしい」と再度要請した。この「大蔵省関係の文書」こそ、「密約・情報開示訴訟」の最も重要な〝証拠〟になるもので、裁判長の積極的な訴訟指揮の現われと言えよう。

原告弁護団は、公開された米国公文書を精査して綿密な「準備書面」を作成、10月20日付で東京地裁に提出した。「財務・経済問題を担当するグループ」が「密約訴訟」の核心部分を担っており、日本側責任者は福田赳夫蔵相だった。柏木大蔵省財務官とジューリック財務長官特別補佐官が実務的交渉に当たり、1969年12月2日、沖縄返還に関する費用負担（金銭支払い）の了解覚書が交わされたのである。この点につき原告弁護団提出の「準備書面」が参考になるので、その根幹部分を引用しておきたい。

「返還協定6条・7条は総額3億2000万ドルの支払約束のみであった。返還協定は、日本のアメリカに対する金銭支払について、概要、次のとおり規定している。

1　アメリカ政府の財産の日本への移転（返還協定6条）

琉球電力会社、琉球水道公社及び琉球開発金融公社の財産その他合衆国政府の財産で、沖縄に存在するもの（ただし本件協定第3条により合衆国に提供される施設及び区域の外にあるもの）は、日本国政府に移転する（1項・2項）。これらの財産のある土地について加えられた変更についてて、アメリカは補償する義務を負わない（4項）。合衆国政府が沖縄において埋め立てた土地及び取得した土地で、本件協定の効力発生日前に合衆国政府が保有しているものは、日本国政府に移転する（3項）。

2　日本国政府のアメリカ合衆国政府に対する金銭支払い（返還協定7条）

日本国政府は、合衆国の資産が第6条の規定に従って移転されること、沖縄返還が佐藤・ニクソン共同声明第8項にいう日本国政府の政策に背馳しないよう実施されるようにすること（核兵器の撤去を指す）、合衆国政府が復帰後の雇用の分野等において余分の費用を負担することなどを考慮し、本件協定の効力発生の日から5年間にわたり、合衆国政府に対し、総額3億2000万ドルを支払う。

すなわち、返還協定上は、日本がアメリカに対して支払う財政負担の合計は3億2000万ドル（当時の為替レートで1152億円）であり、この財政負担の理由は、日本に移転されたアメリカの資産の買収費用、核兵器の撤去費用及び返還後に増大する基地従業員にかかる年金・社会補償費などの労務費用に限定されていた。

3　しかし1969年12月2日、柏木雄介大蔵省財務官とアンソニー・J・ジューリック財務長官特別補佐官が、それぞれのイニシャルである「YK」と「AJJ」で署名をした了解覚書は、次の通り。日本が、アメリカに対し、3億2000万ドルを遥かに超える金額を負担することを約束していた。

(1)民生用・共同使用資産の買い取り　1億7500万ドル
(2)基地移転その他の費用　2億ドル
（物品及び役務で準備し五年以内に引き渡す）
(3)通貨交換後に行われるドル換金　1億1200万ドル
（ただしこれは日本政府が沖縄県内で通貨交換して取得したドルを連邦準銀行に25年間無利息で預け入れることによる利息節約分を含む。預け入れ金額は6000万ドル又は現に通貨換算した額のいずれか大きい額とされた）
(4)基地従業員の社会補償費等　3000万ドル

アメリカ側からすれば、日本との財政・経済取り決めによって、上記の了解覚書に明記してある合計5億1700万ドルに加え、アメリカ側が所有する琉球銀行の株式と石油油脂施設の売却益と、返還の結果、その後5年間に得るであろうアメリカ政府の予算節約分の合計1億6800万ドルを加えた総額6億8500万ドルの財政・経済利益を得る見込みになった」。

吉野文六・元アメリカ局長が法廷で証言

吉野文六、我部政明両氏が証言台に立った12月1日の第4回口頭弁論が、本訴訟最大のヤマ場。東京地裁103号法廷は午後1時開廷、写真撮影のあと原告団後方の扉から吉野文六氏（元外務省アメリカ局長）が入廷、裁判長席前の証言台に立った。91歳、約40年前の「沖縄返還交渉」の外交責任者だった吉野氏が〝密約の有無〟についてどのように証言するか、……宣誓に続き原告側の証人尋問、ついで被告側（国側）の尋問が始まった。吉野氏の尋問時間は合わせて1時間半近く。このあと、我部政明・琉球大学教授が証言台に立ち、10年前に発掘した米国外交文書について詳しく証言、傍聴の100余人は粛然と聴き入った。2人で4時間にも及ぶ「証人尋問」のハイライトをまとめて報告したい。

【米軍用地の原状回復補償費400万ドルを肩代わりしたとする密約】「400万ドル合意文書の左下にある『BY』のイニシャルは私が書いたもの。右下の『RS』はリチャード・スナイダー米駐日公使のもので、沖縄返還交渉の私の相手だった。スナイダー氏とは外務省局長室で会ったが、その際米側が作成した〝密約文書〟に署名、日本側の400万ドル負担（肩代わり）は事実だ。返還協定には『原状回復費は米側が自発的に支払う』と明記してあったが、実際は違っていた。当時米国の財政事情が急速に悪化したため、金銭を支払うことが困難だったと推測される。米議会では『ボロ儲けしている日本にカネを出す必要があるのか。ダメなら、沖縄を返還しなくてもいい』とのルーマーも流れる状況下だった。当時の愛知揆一外相や条約局長らと協議したうえで合意文書にサインしたわけで、私の独断ではない。この文書のコピーは事務官が取り、沖縄返還の担当課長らが目を通したと思う。そのコピーはある程度保存していただろうが、必要ないとして処分したと思う」。

【VOA移転費用1600万ドルの密約】「ヴォイス・オブ・アメリカ（VOA）移転問題も私がスナイダー公使と折衝したが、日本側の撤去要請に対して米側は急にはできないと反発、非常に困難な交渉だった。米国にはもはや余裕がなく、日本がほとんど全額支払う形で米国を説得、『1600万ドル提供』で妥結した。これも交渉に当たった2人がサインしたが、外相や条約局長は当然承知していたと思う。日本は5年間文書を保存していたと思うが、フィリピンにVOAが移った以降は保存してないような気がする」。

【返還協定の3億2000万ドルを超える日本側負担の密約】「詳しい内容は覚えてないが、日本側負担の中の項目別品目と金額を並べた表を見たことはある。柏木雄介大蔵省財務官が表を示し、『これを返還協定に乗せてほしい。そうすれば、これに基づく金額を米国に支払うことができる』と言った。『3億2000万ドルは積算根拠のない〝つかみ金〟だ』と、私は北海道新聞記者に語った（2006年）が、これは事実。日本が支払うべきカネでなかったろうが、既に柏木・ジューリック会談で決まっていたこと（密約）で、予算上は問題ないと思って署名したのだ」。

我部政明・琉球大学教授の証言

公開された米国外交文書を発掘した我部琉球大学教授は、精緻な分析に基づいて明快に証言、吉野陳述の信憑性を裏打ちする内容だった。長年この問題と取り組んでいる我部氏だけに、米公開文書の記述や具体的金額を挙げて答え、実に説得力があった。法廷での微妙なやり取りを正確に伝えることが難しいため、「柏木・ジューリック合意」などを記載した「陳述書」の一部を借用し、参考に供したい。

【柏木・ジューリックが署名した了解覚書】「沖縄返還の経済・財政をめぐる交渉は１９６９年10月21日、東京で柏木雄介大蔵財務官とアンソニー・J・ジューリック米財務長官特別補佐官との間で開始。日本が個別の評価を積み上げていく方法を主張したのに対し、アメリカは一括払い方式を主張して難航。11月6日から8日にかけての交渉で一括支払いの財政取り決めが決まった。こうして出来上がった日米合意を書面として確認する手順が日米間で話し合われました。その結果、11月12日に日本側の交渉責任者の柏木に加えて大蔵大臣の福田赳夫が、米側の責任者ジューリックと会って最終合意の了解事項を読み上げ、佐藤・ニクソン会談の数週間後に柏木が署名することにしました。

そして、佐藤・ニクソン会談が、11月19日から21日にかけて行われ、佐藤・ニクソン共同声明が公表されました。もちろん、この共同声明において、9項で『総理大臣と大統領は、沖縄の施政権の日本への移転に関連して両国間において解決されるべき施設の財政及び経済上の問題があることを留意して、その解決についての具体的な話し合いをすみやかに開始することに意見の一致をみた』と言及するのみであり、了解覚書の内容は一切書かれていません。

12月2日、柏木とジューリックはワシントンで、『ＹＫ』と『ＡＪＪ』のイニシャルで署名し、『了解覚書』が取り交わされました。財政取り決めが、このように複雑な手段で取り交わされたのは、『沖縄を金で買い戻した』との印象をもたれないようにするために、佐藤・ニクソン共同声明前に財政・経済取り決めに合意したことを秘密にする必要性があったからでしょう」。

【返還協定の３億２０００万ドルを超える日本が負担の密約】
「この了解覚書の金額と沖縄返還協定の３億２０００万ドルの支払いとは金額に違いがある。了解覚書では当初、日本が米国に対し、民生用・共同資産の買い取り1億７５００万ドルは現金で支払い、軍の移転費、その他の返還に関連する費用は財貨や役務により2億ドル相当を準備することになった。だが米軍が日本本土や沖縄に2億ドル分の新たな基地を必要としなかったことから、現金で3億ドルと物品・役務で７５００億ドルに変更された。その後、日本の現金支払いは軍用地の支払いは４００万ドルとＶＯＡの移転費用１６００万ドルの合計２０００万ドルの支払いが3億ドルに加わり、合計で3億２０００万ドルになった。

以上のとおり、財政・経済取り決めの秘密の合意＝密約が存在するのです。被告側（国側）は『了解覚書』を交渉途中のメモと主張しているが、アメリカの公文書に見るとおり、沖縄返還に際して、沖縄返還協定第7条に規定された3億2000万ドル（当時の為替レートで1152億円）の支払いの他に、日本がアメリカに対し財政負担を負うことを秘密裏に合意した取り決めです」。

杉原裁判長の毅然たる訴訟指揮ぶり

12月1日の証人尋問は、休憩を挟んで4時間に及んだ。杉原裁判長の訴訟指揮は第1回口頭弁論からテキパキしており、歯切れの悪い国側に向かって厳しく指摘する場面をしばしば目撃した。従来にない緊迫した審理は、最後に次回日程を「2010年2月16日午後4時半開廷」と決め、午後5時閉廷した。

吉野氏が証言を終えて退廷する際、原告団席の西山氏が立ち上がって握手を交わした姿は感動的だった。新聞報道によると、「落ち着いたら、いつか会いましょう」「連絡してください」との言葉が交わされたという。吉野氏は37年前の東京地裁で、西山氏が国家公務員法容疑で訴追された「機密公電漏洩事件」国側証人として「密約」を否定しており、複雑な心境だったに違いない。

退廷後記者会見に臨んだ吉野氏の話を直接聞けなかったので、新聞報道（『毎日』12・2朝刊）の一部を引用させてもらう。

「沖縄密約事件前、西山さんが外務省担当記者だったころに一度、天ぷらそばを食べたことを打ち明け、『西山さんは活発で、有能な人だった。（事件後）西山さんが非常にたくさんの費用や時間を費やして何回も裁判に挑んだことに対して信念の強さに感心していた』と述べた。『刑事裁判では密約を否定しましたね』と質問されると、『〝密約がない〟とは、いまは証言できないと思う』と言葉少なに語った」と同紙は報じていたが、悩み抜いた老外交官の真摯な姿が映し出されている。敵対していた両者の37年ぶりの握手は、重苦しい裁判の空気を和らげたのである。

提訴から11月で結審――原告「最終弁論」の迫力

第5回口頭弁論は2010年2月16日開廷。原告側提出の「密約文書は存在する」と主張した準備書面と「新崎盛暉陳述書」を提出、国側の「十分に探索したが文書は発見できなかった」との書面を、それぞれ確認し合って10分足らずで審理は終了した。昨年3月16日の提訴から11カ月、弁論開始（09・6・16）から8カ月という「行政訴訟では異例の早さ」（原告弁護団）で結審、4月9日に判決が言い渡される。

「原告最終弁論」の本文はA4版44ジに及ぶ膨大なもので、具体的資料に基づいて密約の存在を論証している。これに比べ「被告最終弁論」はわずか5ジで、「外務省・財務省で探したが文書はなかった」との〝弁明〟に終始していた。多くの証拠に基づいて論証した「原告最終弁論」は見事で、今裁判の重大性を浮き彫り浮き彫りにしている。全文を紹介する紙幅がないため、一部の印象的な記述を抽出して参考に供したい。

〈原告最終弁論〉「本件情報公開訴訟は、提訴から11カ月余りで第1審の最後の口頭弁論を迎えるという行政訴訟においては異例の早さで進行した。裁判所が的確な訴訟指揮によって審理の促進に尽力されたことについて、原告らは深く敬意を表する。情報公開制度は、情報公開制度が定める手続・期間に基づき適時に情報が開示されることによって、国民による政府の諸活動に対する理解と批判を可能とするものであり、情報公開訴訟における救済の遅れは、救済を拒否することとなりかねない。この点で裁判所の訴訟指揮は刮目に価する」。

「原告らが本件訴訟を提起することができたのは、アメリカ国立公文書館で1990年代から公開されている財政密約を示す文書類の入手と研究者による真摯な分析に負うところが大きい。開示請求書にアメリカで公開されている3つの密約文書そのものを添付し情報公開請求を行い、訴状に同文書の説明を付けて裁判を提起した原告らに対して、被告国は、3カ月後の第1回口頭弁論において、外務省及び財務省は本件文書を保有しておらず、『原告らが主張する事実関係については確認し得ない』との答弁を行った。

外務省には沖縄返還に関する308冊のファイル（報道では571冊、在米大使館のファイルは約400冊とされる）が存するにもかかわらず、自国が行った交渉経過の事実関係を確認し得ないというのである。これは、小さな鍵穴から目をこらして、外交文書という『開かずの扉』をのぞきながら、アメリカで公開されている資料に基づいて日本の歴史を理解することを国民に強いているに等しい。アメリカの公文書のみに依拠して歴史を考察することが、現在及び将来の国民の利益に反することはいうまでもない。行政文書は、外務省及び財務省の占有物ではなく、『国民共有の知的資源』である（公文書等の管理に関する法律1条）。沖縄返還交渉時から財政密約を否定し、アメリカの公文書が公開された密約の存在が客観的資料によって裏付けられるに至っても、なお否定を重ねる日本政府の反応は、次の言葉を思い起こさせる。

『すべての人々をしばらくの間愚弄するとか、少数の人々を常にいつまでも愚弄することはできます。しかしすべての人々をいつまでも愚弄することはできません』（アメリカ合衆国第16代大統領エイブラハム・リンカーン、1858年9月8日にワシントンで行った奴隷制度廃止に関する演説の一節）」。

「1972年5月15日、沖縄の施政権は日本に返還されたが、これに伴い、在日米軍の再編が行われ、日本本土の米軍基地は約3分の1に縮小され、沖縄に日本本土の米軍基地の約75%が集中することになった。こうした日本とアメリカとの間の安全保障、軍事、基地等の政策の影には、以下の5つの秘密の合意＝密約があるとされ、1980年代から、アメリカ国立公文書館等で逐次公開された文書や、直接交渉を担当した者らの発言や著作などによって確実視されてきた。

・1953年に日米行政協定（地位協定の前身）17条の改正時に交わされた米軍構成員等に対する刑事裁判権（捜査・起訴の権限）の放棄に関する密約
・1960年の日米安保条約改定時に交わされた核持ち込みに関する密約
・1960年の日米安保条約改定時に交わされた朝鮮半島有事の際の戦闘作戦行動に関する密約
・沖縄返還交渉時の1969年に交わされた有事の際に沖縄に核の再持ち込みを認める密約
・沖縄返還交渉時の1969年及び1971年に交わされた財政密約

これらの密約は、戦後の日米関係と分かちがたく結びついている。戦後の日米関係は、『勝者（アメリカ）の権利行使を敗者（日本）への恩恵（たとえば核の傘や市場開放）というフィクション』で覆い隠すことによって形成されてきたといえるが、このフィクションでは覆い隠すことのできない矛盾を沖縄にしわ寄せし、構造的沖縄差別を生みだしてきた。さらに日本政府が国民に対して行ってきた説明と明らかに矛盾する部分については、アメリカとの間で秘密の合意＝密約を結び、アメリカの権利行使を保障してきたといいうる。

そして、日本は現在、在日米軍の駐留に伴い、『思いやり予算』と呼ばれる在日米軍駐留経費を負担しているほか、沖縄に関する特別行動委員会（ＳＡＣＯ）の合意に基づき、普天間基地の名護市辺野古への移転と米海兵隊のグアムへの移転という米軍再編費用の負担も求められている。その源流は、沖縄返還の交渉時に交わされた財政密約にあると考えられている。沖縄返還が、どのような交渉、駆け引き、妥協、決定などの経緯を経て成立したのかという情報を知らなければ、全島米軍基地化されている沖縄の現状が抱えている諸問題及び日米関係を、私たち国民は正しく理解できないこととなる。

本件訴訟で原告らが公開を求める財政密約の文書は、過去の一時期の出来事を記す文書に止まるものではなく、国民が日本とアメリカとの間に伏在する日米安保、軍事、外交の諸問題の実相を正確に知るために、今なお現在性を有する重要な文書である。国家から国民への情報の流れ、すなわち行政文書の公開を求める情報開示請求権は、政治に対する民主的コントロールを及ぼす点で民主主義の礎であり、最大限の保障を必要とする」。

〈被告最終弁論〉「外務省、財務省は、それぞれ合理的かつ十分な探索を行ったものの、対象文書を発見することができなかった。外務省は、２００５年12月から06年2月にかけて、北米局北米第1課で１９６５年から76年にかけて作成された沖縄返還交渉に関する行政文書ファイル合計３０８冊を特定し、1冊ごと職員が確認したが、いずれも保有していないと判断した。吉野文六証言は『日本側にも写しを取らせたと思います』と推測による供述にとどまり、その後の保管状況についても具体的な供述は一切せず、作成当日以降、外務省勤務時代も一度も見たことはなく、保存の有無や状況をまったく知らないと述べている。

財務省でも行政文書ファイル管理簿で『沖縄』をキーワードに１９６９年から72年の間に作成、取得された行政文書ファイルの有無を検索、探索したものの、対象文書を廃棄、または移管した記録のいずれの文書も発見できなかった。作成されたとされる時点から40年近く経過し、外務省としては当該文書が存在していたか否かについて把握しようがなかったため、過去の一時点の作成や保有の有無を把握し、理由を付記することは不可能だった。したがって『当省は該当文書を保有していないため、不開示（不存在）としました』と記載せざるを得なかった。以上の通り、外務省・財務省が本件各対象文書を本件各処分時に保有していないことを理由とした本件各処分はいずれも適法であり、原告らの請求には理由はなく、棄却されるべきである」。

「情報公開」は民主政治の羅針盤

昨年からの口頭弁論を集大成した「原告最終弁論」は、証拠に基づいてキメ細かく論理構成されており、説得力に富むだけでなく、「情報公開訴訟」の歴史的意義を強調する文書の趣があった。

「原告らは2009年3月16日、情報公開という船に乗り、錨をあげて帆を張って難航海に出た。目指す最終寄港地は、原告らそして私たち国民が理想とする民主主義社会である。そこでは、政府が国政について説明責任を果たすために、政府の保有する情報の公開が適時になされ、情報の自由な流れが保障され、国民の知る権利が過不足なく満たされている。外交の冷徹なリアリズム、過去の政権の意思決定、政府の政策の立案・実施における過ちが引き起こした歴史のゆがみ。情報開示請求権＝知る権利は、これらに光をあて、国民自身が政府の政策を検証・評価し、歴史のゆがみの原因を発見することによって、過去の誤った政策を正道に戻す政治の民主的復元力を担保する。民主政の過程に極めて重要なこの権利が徹底的に傷つけられている本件において、その救済の道を開き、情報公開の羅針盤を正しく合わせるのは裁判所をおいてほかにない。原告らは、民主主義社会の道標を指し示す裁判所の判断を心から期待している」。

この「原告最終弁論」締め括りの文章は、民主主義を確立するため「情報公開制度」がいかに貴重であるかを鮮明に示したものだ。

〈注〉情報公開法第1条（目的）この法律は、国民主権の理念にのっとり、行政文書の開示を請求する権利につき定めること等により、行政機関の保有する情報の一層の公開を図り、もって政府の有するその諸活動を国民に説明する責務が全うされるようにするとともに、国民の的確な理解と批判の下にある公正で民主的な行政の推進に資することを目的とする。

国側は「6000万ドルの対米無利子預金」返却にも答えず

第5回弁論の本筋からは外れるが、「6000万ドルの対米無利子預金」に関する国側の説明が気になった。前回の弁論で国側は「対米預金が日本側に戻っているかどうか」との質問に答えず、今回もまた「財務省で調査・確認中」と返答して逃げ切ってしまった。米連邦準備銀行に確かめれば分かることで、確認作業に手間取る問題ではないはずだ。

米国の公文書には、「沖縄返還に伴い、日本が米銀行に最低6000万ドルを25年間預金し、金利相当額の1億1200万ドルを日本が受け取らず、米側に利益供与する」と明記されているというのに、まことに摩訶不思議なこと。ここにも〝密室政治〟のカラクリが潜んでいることは明らかだ。この点について日隅一雄弁護士ブログの指摘は的を射ていた。「1972年、日本の一般会計予算は11兆4677億円だった。その時に6000万ドル、当時1ドル308円だったので、184億8000万円もの金を納税者に黙って米国に無利子で預けた。つまり利息分を米国にプレゼントした。この金が返されているかどうか答えられないとは、余りにも納税者をバカにしていないだろうか。そして、そのバカにした行為をマスメディアが伝えないことも残念だ。マスメディアは、現在も密約に関することになると、途端に腰が引けるような感じがする。地位協定における米兵に対する裁判権不行使の密約、普天間移設ついて移転先が拡大したことに伴う密約、そして返却されているかどうか不明の預金に関する密約…。歴史を検証することは学者に任せてもよいが、現在の政府の行動を伝えることはジャーナリストの仕事だ。そうそう、結審にあたって、国から反論がなされたが、密約がなかったとの主張はもう諦めたようだ。単に探したがなかったというのみ…。つまり、国が事実上密約の存在を認めたともいえる。そういう視点での指摘もあまりなかったようだ…」と厳しく指摘していたが、全くその通りである。

〝問題意識〟希薄な、本土・新聞各紙の報道

「文書開示訴訟」について、メディアはどう伝えただろうか。91歳の吉野文六・元外務省アメリカ局長が証言台に立った第4回口頭弁論（09・12・1）の時は、かなり詳しく報じていたが、その時以外は沖縄県紙を除き簡単すぎる報道だったの

は極めて遺憾である。沖縄返還交渉は40年前のことだが、今日の日米関係と関連する問題点が多々あることを認識すべきだった。今回の弁論を振り返ってみて、普天間基地移設など今日的テーマと通底する重要問題を内包していることは明白ではないか。

ところが、「結審」を伝えた2月17日朝刊・在京大手6紙すべてが、第2社会面か第3社会面ベタ扱いだった。「4月9日に判決」のお知らせ記事のみの新聞もあったのに驚かされた。取材記者・整理記者ともに勉強不足で、価値判断に誤りがあったと指摘せざるを得ない。問題点をきちんと整理して報じた沖縄県紙（琉球新報、沖縄タイムス）のニュース判断こそ妥当であり、「沖縄だから…」との視点で捉えた本土紙の感覚マヒを厳しく批判しておきたい。

原告側が全面勝訴――「情報公開制度」確立へ前進

この論稿が印刷に回る寸前の4月9日午後、「沖縄返還密約文書開示訴訟」の判決が東京地裁であり、杉原則彦裁判長は「原告勝訴」を言い渡した。――「外務大臣および財務大臣は、原告が求めた『文書を不開示とする決定』を取り消し、原告らに一連の行政文書を開示せよ」と命ずる〝歴史的〟判決だった。原状回復費の日本の財政負担などについて「国民に知らせないまま負担することを、米国との間で密約を結んでいた」と、司法の場で認定されたのは初めてのこと。さらに裁判長は「国民の知る権利をないがしろにする国側の対応は不誠実」として、「原告に対し、それぞれ10万円及びこれに対する平成20年10月2日から支払済みまで年5分の割合による金員を支払え。また訴訟費用は国側の負担とする」と、明快な判断を下した。

判決が言い渡された直後の103号法廷で原告らは肩をたたき合って握手を交わし、満員の傍聴席でも全員が勝訴の喜びを分かち合った。その後、東京地裁近くの「松本楼」で記者会見。原告団の共同代表・桂敬一氏は「この上ない完全勝訴。壁に大きな穴を開けることができた」と語り、さらに「情報公開の不備を変えなければ本当の民主主義にはならない」と今後の決意を述べた。また、「半年前まで政府は密約を否定し続けており、（密約の）壁は難攻不落と思っていたが、政治環境が変わった。『情報革命』が起こった」と、西山太吉氏が語った姿は印象的だった。民主政治における「情報公開制度」の重要性を国民に認識させた意義は絶大で、「知る権利」に応える健全な社会構築の出発点にしたいと、切に願っている。

二 「核持ち込み」と「核搭載艦船寄港」

〝沖縄返還国会〟で「非核3原則」（核兵器を持たず、作らず、持ち込ませず）を明言、国民に約束した首相は佐藤栄作氏（1901〜75）だった。その後、「『核持ち込み』密約があったのではないか」との疑惑が指摘され、特に2009年6月以降、村田良平氏ら元外務省高官の〝暴露発言〟が相次いだが、新たに故佐藤栄作氏邸から「核再持ち込み密約」文書が見つかった。読売新聞09年12月22日夕刊が特報したもので、他紙も23日朝刊での大報道となった。「1969年11月21日発表のニクソン米大統領と日本の佐藤首相による共同声明に関する合議事項」との表題がついた文書は、第一級の資料である。故栄作首相の次男、佐藤信二氏（元通産相）が「父の遺品の中にあった」と、メディア各社に真相を初めて語り、日米両国首脳署名の「最高機密文書」が明らかになった。

【沖縄核密約文書】米国大統領＝我々が共同声明で述べたように、米国政府の意図は、実際に施政権が日本に返還させる時までに、沖縄からすべての核兵器を撤去することである。そしてそれ以降は、共同声明で述べているように、日米安全保障条約と関連する諸取り決めが沖縄に適用される。しかし、日本を含む極東諸国を防衛するという、米国が負っている国際的責任を効果的に遂行するためには、米国政府は、重大な緊急事態が起きた際、日本政府との事前協議を経て、核兵器の沖縄への再持ち込みと沖縄を通過させる権利を必要とするであろう。米国政府はその場合に好意的な回答を受けられるものと期待する。米国政府はまた、沖縄に現存する核貯蔵施設の所在地である嘉手納、那覇、辺野古及びナイキ・ハーキュリーズ基地を、いつでも使用可能な状態で維持し、重大な緊急事態の際には実際に使用できるよう求める。

日本国首相＝日本国政府は、大統領が上記で述べた重大な緊急事態の際の米国政府としての諸条件を理解し、そのような事前協議が行われた場合には、これらの要件を遅滞なく満たすであろう。大統領と首相はこの議事録を2通作成し、さらに、米国大統領と首相官邸にのみ保管し、更に、米国大統領と日本国首相だけの間で、最高級の機密のうちに取り扱うべきであるということで合意した。

ワシントンDC、1969年11月19日
リチャード・ニクソン（直筆署名）
エイサク・サトウ（直筆署名）

「非核3原則」を世界へ向かって発信、「ノーベル平和賞」まで受賞した日本国首相が、「重大な緊急事態の際は沖縄への米軍核再持ち込み」を密かに約束していたとは…。まさに「衣の下に鎧」――40年前の「最高機密文書」発掘によって、「核持ち込み密約」の策謀が証明されてしまった。

沖縄返還交渉当時の米国は、ベトナム戦争ドロ沼化に喘いでいる時期だった。米国が日本の求めた「核抜き本土並み返還」を受け入れ、沖縄・米軍基地からの核兵器撤去に応じた背景には、米国の財政ピンチと日米繊維交渉打開の思惑も絡んでいたようだ。米国にとっては、経済大国の地歩を固めてきた日本との連携強化のための「沖縄返還」だったわけだが、その代わりに米国は「有事の際の核再持ち込み」密約を日本の首相から取り付けていたのである。

日米間の「密約」として、①核持ち込み時の事前協議から艦船寄港などを外す核密約、②朝鮮半島有事の際に在日米軍基地を出撃拠点として容認する密約、③有事の際の沖縄への核再持ち込み密約、④沖縄返還の際、米国が負担すべき原状回復費400万ドルを日本側が肩代わりするなど3億2000万ドルを義務づける密約――があったと指摘されているが、④の「沖縄返還密約」は第1章で検証した通りである

③に該当する密約は、「佐藤栄作首相署名文書」発覚で明白になった。ニクソン米大統領との「密約文書」には、「（この議事録を）首相官邸にのみ保管し、さらに米国大統領と日本国首相だけの間で、最高級の機密のうちに取り扱うべきであるということで合意した」と明記されていたのに、首相を辞任した佐藤氏が私邸に持ち帰ったこと自体、国家機密上の重大問題である。日米首脳だけが厳重保管するとの約束にも違反しており、とんでもない行為ではないか。息子の信二氏が最近の「密約報道」の高まりに便乗して文書公表に踏み切ったと推察されるが、国会議員だった信二氏の「プライベート文書だ」との認識には驚かされた。「親子そろって、密約文書を私物化し、秘匿した」との非難を浴びるのは、当然でなかろうか。米国大統領が署名した「密約文書」には、「重大な緊急事態が起きた際、日本政府との事前協議を経て…」と断りつつも、「米国政府はその場合に好意的な回答を受け

止められるものと期待する」と明記している。平たく言えば、「日本政府は、米国の申し入れに遅滞なく応じる」との前提に立ったレトリックで、事前協議を空洞化するものである。

以上の「密約」について、返還交渉の〝密使〟だった故若泉敬氏（京都産業大学教授）は1994年に出版した著書「他策ナカリシヲ信ゼムト欲ス」で密約交渉の経緯を暴露しており、信憑性の高い資料と見られていたが、自民党政府は一貫して存在を否定してきた。このほど、日米首脳の直筆署名文書が白日のもとに曝されたことにより、「歴代政府のウソ」が完全に暴かれたのである。

「プライベート文書」との認識に驚かされる

佐藤信二氏が朝日新聞のインタビューに応じ、文書発見の経緯などを語っている重要個所をピックアップしておこう。

①「父（栄作氏）が首相を辞めて私物を自宅に持ち帰った時に、公邸で日記などをつけていた机も運んだ。母も亡くなり、遺品を整理するため机の引き出しをあけたら、この文書が出てきた。間違いなく父が書いたものと思う。父の真意は分からないが、『核抜き本土並み』というのはだいたい固まりつつあった。そういう中で、文書を押さえにしないと壊れると本当に思ったのだろうか。次の首相の田中角栄氏にも、多分この文書を伝えていないと思う」。

②「この文書は『プライベートレター』だと思う。公私の別をはっきりする人で、私文書だから持ち帰ったと思っている。公文書というなら官邸に置いただろう。これによって沖縄が返ってきたと結びつけるのは短絡的だと思う。これまで積極的に発表しなかったのは、あまり意味がないんじゃないかと思ったからだ。文書を見つけた際、外交資料館で保管を頼もうかとも思ったが、外務省の人たちはあまり関心がないようだった。存在を知らない人が多かった」。

親子2代、政治家としての責任と自覚が欠如していた事実に愕然とし、呆れ果てるばかりである。

「村田証言」を引き出した西日本新聞 ＝共同通信と連携の特ダネ

①の「核兵器搭載艦船の日本寄港・通過」の密約証言をスクープしたのは、西日本新聞（2009・6・28朝刊）だった。元外務事務次官、村田良平氏＝京都市在住＝が西日本新聞のインタビューに応じたもので、1面トップに「米の核持ち込み『密約あった』／村田元次官実名で証言」のメイン見

出しに加え「手書きの紙1枚で引き継ぎ／倉成、宇野両大臣に報告／ごまかしやめ国民に謝れ」とのサブ見出し3本を掲げた紙面展開。3面に、一問一答を詳報した。毎日新聞は翌29日朝刊1面トップで追いかけ、『読売』が29日夕刊1面4段、『東京』も同日夕刊2面に4段で報じた。『朝日』が30日朝刊に1面4段、『日経』は同日朝刊1面（4段相当）を受けて4面（特集面）にインタビュー詳報、関係者の談話と解説を掲載した。沖縄タイムス（6・30朝刊）の1面トップをはじめ、多くの県紙も大きく扱っていた。

西日本新聞が「村田証言」を引き出せたヒントは、共同通信の特ダネ記事にあった。その配信記事は、東京（中日）新聞と西日本新聞が6月1日朝刊1面トップに報じるなど、共同加盟社の多くが伝えていた。それは、共同通信記者が4人の元外務次官に極秘に接触してまとめたもので、「密約、外務官僚が管理」の見出しで「核持ち込み」を暴いた記事だ。「村田証言」と類似の「4人の証言」を書き込んでいたが、匿名にする約束だったという。その後西日本新聞記者が村田氏を訪ねて説得、「実名報道」の特ダネをモノにしたのである。先行した共同通信と、裏付け取材した西日本新聞両社連携の「特ダネ」と、高く評価したい。

以上、スクープの経緯を振り返ったが、西日本新聞6・28朝刊掲載の一問一答記事で注目した「村田証言」の主要個所を引用しておく。

第一が核心となる証言で、村田氏は「１９６０年の安保条約改定交渉時、核兵器を搭載する米国艦船や米軍機の日本への立ち寄りと領海通過には、事前協議は必要ないとの密約が日米間にあった。私が外務次官に任命された後、前任者から引き継いだように記憶している」と語っている。このあと「１枚紙に手書きの日本語で、その趣旨が書かれていた。それを、お仕えする外務大臣にちゃんと報告申し上げるようにということだった。紙は次官室のファイルに入れ、次官を辞める際、後任に引き継いだ。倉成正、宇野宗佑両大臣に報告した。宇野さんの後任の三塚博さんは宇野内閣が短命だったため、報告する前にお辞めになった。その次に中山太郎さんが就任したが、間もなく私が事務次官を辞めたため、中山さんにも報告していない」と、実名を挙げて説明している。

第二は、２００８年9月ミネルヴァ書房から出版した『村田良平回想録』につき言及した点である。村田氏は「この際、正確に書くべきことは書いた方がいいと思い、意識的に書いた。北朝鮮の核武装問題もある。核について、へんなごまかしはやめて正直ベースの論議をやるべきだ。政府は国会答弁などにおいて、国民を欺き続けて今日に至っている。だって、本当にそういう、密約というか、了解はあったわけだから」と答えていた。

第三が「沖縄返還密約」に絡む話で、「72年5月の沖縄返還の前後約4年、駐米大使館で1等書記官、参事官として勤務していた。若泉敬さん（佐藤栄作首相の密使）から直接聞いたわけではないが、（沖縄返還交渉でも）ディール（密約）があったらしいというような格好で、（日本政府関係者から）聞いてはいた。記録は読んだわけではないが、若泉さんが書いたことが本当だ。日本政府は歴史を改ざんしている」とも語っていた。

西日本新聞の特ダネを知った毎日新聞は6月28日夜、村田氏にインタビューし、30日朝刊に詳報した。西日本新聞の「村田証言」内容と差異はないが、『毎日』が報じた一問一答の中に、より具体的な指摘があったので一部を紹介する。

「密約についての紙が1枚封筒に入っていて、前任者（柳谷謙介氏）から渡された。それを（第3次中曽根内閣の）倉成外相と（竹下内閣の）宇野外相に話しました。後任の次官（栗山尚一氏）に引き継ぎました。……『密約』を理解できる部分はありません。非核3原則なんてものを佐藤栄作内閣の時に出したでしょう。そんなこと自体が私に言わせれば、ナンセンスだと思ってまして。当時。個人的な見解ですけど。……非核3原則の3番目の核を持ち込ませないという話が問題。核を持たない、作らないというのはいいですよ。しかし、核兵器を積んでいる米国の船が横須賀に立ち寄って燃料を補給して、またベトナムに行くという場合、そんなものは『持ち込み』には入らないですよ。（核搭載艦船の）寄港も領海通過も全部『持ち込み』と言ったこと自体がナンセンスです。（ただ当時は）冷戦時代だし、日米それぞれの都合もあれば機密もあっての話ですからね、とがめだてする話でもない。だから黙っていただけですよ」

「情報公開」（2001年）前に、密約文書破棄の疑い

次いで毎日新聞（09・7・8朝刊）は、大河原良雄・元駐米大使の新証言を報じた。「1974年11月のフォード米大統領の来日を控え、少人数の外務省最高幹部会で木村俊夫外相（故人）が『米国の傘の下にいる日本として（核搭載艦船の）寄港を認めないのはおかしい』と発言、非核3原則の『持ち込ませず』は陸上のこと。寄港は持ち込みに含まれないとして、解釈変更する案の検討を指示した」と、『毎日』記者に語っている。田中角栄首相も修正を了承していたが、日米会談直後に〝金脈問題〟で退陣、三木武夫内閣以降〝立ち消え〟になったという。

また、朝日新聞（7・10朝刊）は、「核密約文書の破棄指示」の大見出しで元外務省幹部（匿名）の証言を掲載した。「今回証言した元政府高官は密約を認めた上で、破棄の対象とされた文書には、次官向けの引継ぎ用の資料も含まれていたと語った。外相への説明の慣行は、２００１年に田中真紀子衆院議員が外相に就任したのを機に行われなくなったと見られるという。……別の政府関係者は『関連文書が保管されていたのは北米局と条約局（現国際法局）と見られるが、情報公開法の施行直前にすべて処分されたと聞いている』と述べた。ただ、両氏とも焼却や裁断などの現場は確認しておらず、元政府関係者は『極秘に保管されている可能性は残っていると思う』とも指摘する」との驚くべき証言内容だ。

このあと『毎日』（7月11日朝刊）も「外務省に密約本文」の大見出しで、元外務省条約局長（匿名）の証言を報じた。「密約文書は外務省条約局などに保管していたが、２００１年4月の情報公開法の施行に備えるため『当時の外務省幹部の指示で関連文書が破棄されたと聞いた』と証言している」と伝えており、両紙の記事に信憑性を感じた。

さらに、１９６０年の日米安保条約改定時に外務事務次官だった山田久就氏（故人）が語った録音テープが２０１０年1月に見つかった。共同通信が1月22日配信したもので、資料価値は高い。山田氏が１９８１年5月、原彬久氏（東京国際大学大学院教授）のインタビューに答えたもので、既に明らかになっているライシャワー元駐日大使証言を肯定する内容である。これまた、日本政府が一貫して「事前協議がなかったから、核持ち込みはない」との主張を完全に覆す資料である。録音テープのやり取りが興味深いので、要点を紹介しておこう。

「（原）１９６０年に安保国会が始まって、赤城宗徳防衛庁長官がトランジット（通過・寄港）もイントロダクション（持ち込み）に入る。事前協議の対象になると言うんです。外務省で（国会対策用の）想定問答を作り、トランジットも入れています。だから取り繕ったわけですね。だけど日米間の問題意識としては、トランジットは全然入ってない。

（山田）入っていない。ライシャワー氏が『核艦船の通過・寄港は核持ち込みではない』と証言した通りです。通過・寄港を『持ち込み』に入れたのは、対野党戦術ですよ。安保改定時に、非核3原則なんてバカな話は考えていないからね。（核持ち込みの事前協議をしたら）完全にイエスもあれば、ノーもあるということでね、その時の状況によってね。それが両国間の了解ですよ」。

――当初から、「核持ち込み」をカムフラージュする意図があったことを明白に裏づける証言である。米国の軍事戦略に「ノー」と言えない日本政府が、姑息な〝言い逃れ〟で糊塗し、ウソの上塗りをして国民を欺いてきた戦後政治の姿に、驚愕は深まるばかりだ。

「核の傘」強化へのメッセージ？

元外務省高官の「核持ち込み」証言のすべてが、現役時代に携わった事実や見聞に基づくものだけに衝撃的だったが、「何故この時期に？　核搭載艦船寄港がクローズアップされたか」との疑念を持たざるを得ない。

「こうした動きの背景には、外務省有力ＯＢの冷徹な打算もあるとも言える。北朝鮮の2回目の核実験やオバマ米大統領の新しい核政策を受けて、発言しにくい現役外交官僚に代わって、『米国の核の傘』を強化するメッセージを発したいという思惑も透けて見える。それに加え、密約公開を掲げる民主党による政権交代の可能性が出てきていることから、先手を打ち密約をなし崩しに認めておこうという保身的側面もある」というコメントを、『毎日』（09・7・11朝刊）が掲載していたが、まことに的を射た指摘である。

「秘密といっても、中身はとうに知られており、取り決め相手の資料や証言でも裏付けられていた。一方の当事者が認めていなかっただけ。新たな驚くべき事実もない。これが、日米の核持ち込みをめぐる現状だ。……今や核密約を『認めた』だけでは、ニュースとは言えない。なぜ今、ＯＢだけが、多くは匿名で（実名証言は旧条約局系でない人たちばかり）認めだしたのか。ウソを反省したわけではなく、新たな思惑があると疑うべきだ。……オバマ核廃絶は『生きている間は実現しない目標』で、重点は核不拡散体制の再構築にある。『核兵器なき世界への核管理』だ。核の国際政治を、日本はどう生き抜くのか。恐らく外務省は国内の政権交代に乗じ、もはや無用になった核密約を脱ぎ捨て、新たな核政策へ移行しようとしている。相次ぐ『告白』は良心や正直といった道徳心の問題ではなく、したたかな環境作りだろう」との『毎日』（7・18〈発信箱〉）は、一連の証言ラッシュの背景・思惑を抉り出した、見事な分析と評価したい。

29年前、ライシャワー元駐日大使の重大証言

「非核3原則」は、1967年12月11日の衆院予算委員会で核兵器の有無が問題化した際、佐藤栄作首相が「核兵器を持たず、作らず、持ち込ませず」と答弁したのが最初。沖縄の本土復帰に政治生命を賭けた佐藤政権にとって、「核抜き」を国民に約束して悲願を達成したいとの強い思いがあり、1971年11月24日の衆院本会議（沖縄返還国会）では「非核兵器ならびに沖縄基地縮小に関する決議」が採択された。それは、「1、政府は、核兵器を持たず、作らず、持ち込ませずの非核3原則を遵守するとともに、沖縄返還時に適切な手段をもって、核が沖縄に存在しないこと、ならびに返還後も核を持ち込ませない措置をとるべきである。　2、政府は、沖縄米軍基地についてすみやかな将来に縮小整理の措置をとるべきである。　右決議する。」という画期的な決議だった。

さらに1976年6月8日、衆参両院外務委員会は核不拡散条約（NPT）批准に合わせ、「非核3原則を国是として確立されていることに鑑み、いかなる場合も忠実に履行、遵守することに政府は努力すべきだ」と決議している。ところが、1981年5月、「核持ち込みの密約があった」という「ライシャワー発言」が明るみに出て「非核3原則の虚構」が表面化した。駐日大使だったライシャワー氏が毎日新聞特派員のインタビューに応じたもので、5月18日朝刊に衝撃的特ダネとして報じた。

1面トップに「米、核持ち込み寄港／60年代から『日本政府も承知』／ライシャワー元大使が証言」の大見出し。長文の記事冒頭に、「ライシャワー米ハーバード大学教授は、毎日新聞記者とのインタビューで、核兵器を積んだ米国の航空母艦と巡洋艦が日本に寄港してきた事実を明らかにし『日本政府は（核兵器米艦船の寄港、領海通過の）事実をもう率直に認めるべき時である』と語った。この発言は、1960年の日米安保条約改定以来の歴代自民党内閣が『米国による日本への〝核持ち込み〟はない』と国民に説明し続けてきた公式見解を真っ向から否定するものである。同教授は、安保条

約上、核艦船の日本立ち寄り、領域通過が許されることの根拠として、米政府・軍部はじめから『日本語で〝持ち込み〟とされる〝イントロダクション〟とは、核の貯蔵など核兵器を陸に掲げて据えつけることを意味する。核兵器の寄港、領海通過を含まない』との解釈を堅持してきたことを強調した。そして『日本政府は、核の寄港は完全にOKだという口頭合意を忘れたのだと思う』と述べ、『日本政府は国民にウソをついていることになる』とまで言い切った」と記し、2〜3面全面見開きで一問一答や解説を報じている。

「日本語の〝モチコミ〟は、英語のイントロダクション(introduction)だが、寄港・通過ならイントロダクションではなくトランジット(transit)。燃料補給の寄港や領海通過は許されるというのが米政府と軍部の了解事項」との米側解釈が、ライシャワー氏の「核持ち込み寄港」発言の論拠と思われる。

1999年の米公文書公開で明らかになった「日米間の口頭了解」

日本政府は「核持ち込み」を否定し続けてきたが、1999年の米外交文書公開を機に貴重な文書が発掘された。朝日新聞(5月15日夕刊)が報じた特ダネで、「核搭載船日本寄港に大平外相『了解』／裏付ける米公文書／『事前協議適用されぬ』」と、1面トップで報じた。先の「ライシャワー証言」を補強するように、米公文書に記載された「大平外相の『了解』」が明らかにされたことで、〝虚構性〟はますます強まった。

同紙は「問題の文書は、72年6月にレアード国防長官が、攻撃型空母ミッドウェーの横須賀母港化や2隻の戦闘艦の佐世保への配備などを日本政府に認めさせるようロジャース国務長官に要請した書簡。98年末に米国立公文書館で解禁された資料で、我部政明・琉球大教授が入手した。書簡では、国務省側が核兵器を搭載している航空母艦を日本に寄港させる場合は日米両政府で事前協議の問題が生じることを心配したことに対し、国防長官は『事前協議は法的にも日米間の交渉記録で問題がないことは明らかだ。ライシャワー大使が63年4月に大平外相と話し合った際、核搭載船の場合は日本領海や港湾に入っても事前協議が適用されないことを大平外相も確認した。以後、日本政府がこの解釈に異議を唱えてきたことはない』とつづっている」と、公文書の記載内容を報じている。ところが日本政府は「核搭載船の寄港」を否定し続け、この「米公文書公開」から数えても10年経過してしまった。たまたま、岡崎久彦氏（外交評論家）のブログを検索したところ、「『村田回想録』の書評」が掲載されていた。外務省で村田良平氏と同期の岡崎氏は、同書を高く評価し、「安全保障、憲法解釈などにつき村田氏と意見は完全に一致するが、一致しないのはアメリカについての認識である」と述べていた。村田氏は「防衛」もさることながら、「繊維」など日米経済交渉を通じて米国の高圧的姿勢に接し、批判的に見るようになったようで、〝日米同盟強化路線〟一本槍の岡崎氏と外交観は異なっている。また、村田、岡崎両氏と正反対の主張を展開している孫崎享氏（元防衛大学教授）は外務省時代、岡崎・国際情報局長の下で分析課長だったと知り、三者三様の外交観が興味深かった。

「日本の安全保障」の選択肢を提起した孫崎享氏の視点

村田、岡崎両氏より十数年後輩の孫崎享氏は、外務省国際情報局長・駐イラン大使などを歴任した、国際情報分析の専門家。新著「日米同盟の正体　迷走する安全保障」（講談社現代新書09年3月刊）が、日本の安全保障につき鋭い分析と提言を試みているので、同書を参照しながら、日本の安全保障につき感じたこと、気がかりな点を記しておきたい。

「平和憲法」「非核3原則」に象徴される、戦後日本の〝立ち位置〟に関するもので、「核持ち込み」疑惑も結局は、日本外交政策の脆弱さ・曖昧さの所産と言える。この論議を突き詰めれば、「日米同盟」や「核の傘」についての本質的問題につながる。「日米同盟」の強化が、果たして日本の〝安全弁〟になり得るだろうか？　「核の傘」に頼る安保政策の危うさを感じざるを得ない。

この点につき孫崎氏は、「米国は日本の核兵器保有を懸念し、日米間安全保障の取引で、日本に攻撃能力を発展させないことを含めたのである。日本を守るのは何も米国が善意で行っているのではない。日本の核兵器保有を防ぐことを目的の一つとしている。米国が日本を守る姿勢を示すことは、第一義的には米国の国益のためである。米国が他国の兵器から日本を守るという建前を降ろせば、日本が核兵器開発の道を歩む可能性がある。米国はこの道は封じなければならない。では逆に日本にとりこの禁じられた道を開放することが正しい選択なのか。自国の核での報復力を持つことは軍事的利点を持つ。しかしこの利点は、核武装の是非を考慮する要因の一つにしか過ぎない」と、ズバリ指摘している。

次いで「核戦略の原則として、核保有国である敵が攻撃してくる際には、核を使用する可能性が高いことがあげられる。核を保有することは核戦争を覚悟せざるを得ない。日本に対して核攻撃をする際には、東京など政治・経済の中心部に対する攻撃が主となる。例えばロシア・中国は日本に壊滅的打撃を与えうる。その一方で日本は、ロシア・中国の広大な地域からして壊滅的打撃を与えられない。日本が核保有の選択を模索する際の最大の弱点である。（従って）筆者は日本の核保有に否定的である。では、米国の核の傘の下で万全か。これも万全ではない。核戦略の中で核の傘は実は極めて危うい存在である。米国が日本に核の傘を提供することによって、米国の都市が攻撃を受ける可能性がある場合、米国の核の傘は、ほぼ機能しない。日本は完全な傘の下にいないことを前提に安全保障政策を考えねばならない」と、「核の傘」に疑問を呈していた。

日米安保条約第6条は「日本国の安全に寄与し、並びに極東における国際の平和及び安全の維持に寄与するため、アメリカ合衆国は、その陸軍、空軍及び海軍が日本国において施設及び区域を使用することが許される」と規定している。いわゆる「極東条項」によって防衛区域を限定しているのに、国際緊張の激化に伴ってなし崩し的に区域が拡大されていることに危惧を感じる。この点につき孫崎氏は、「日本の安全保障の中核と位置づけられてきた日米安保条約について、日米同盟は従来の安保条約の通り、極東を中心に運営するのが望ましい」と指摘する。

次いで安全保障政策に関し三つの選択肢をあげ、「第一に米国主導の戦略を常に受け入れること、第二に国連主導の方針を受け入れること、第三にＮＡＴＯのように西側の価値観を有している国々の国際的機関との連携を強めることであるが、日米の共通の戦略を米国の戦略にそのまま合わせることには疑問がある。米国と一体化の道を進む際、米国は日本の危険の負担を前提にしている。次に、国連との協調を強めるという選択がある。（国連が機能していないとは言えないが）安保理常任理事国のロシア、中国が拒否権を有しており、国連ですべてを処理できないという議論は根拠がある」とも指摘する。

三番目の選択として孫崎氏は、「日本が可能性をもっと追求してよいのは、ＮＡＴＯとの協力関係だろう。日本は欧州諸国とは政治の民主化、経済の自由化という共通の目標を分かち合っている。欧州と米国で構成している軍事組織NATO内では、一方で米国は軍事力を利用し世界の軍事的環境を変えるのを正しいと確信しているが、他方において、ヨーロッパは力を越えて、法律と規制、国際交渉と国際協力の世界に移行した状況にある。この米欧二つの潮流の中、政治の民主化、経済の自由化という共通の枠組の中で互いの妥協を図っているのがNATOの現状である。日本はNATO等欧州の決定を重んじ、これとできるだけ協議していくという方法がある」と、米国に傾斜過ぎた日本の外交姿勢の修正を促している。

「核の傘」「拡大抑止」に凝り固まった、旧来型「安全保障政策」を根底から検証、見直す必要性を痛感している。この点で、孫崎氏の精緻な分析は示唆に富み、多極化時代に対応したグローバルな「安保保障政策」構築こそ急務と考えている。

三 「有識者委員会」報告と残された課題

鳩山民主党政権発足直後の2009年11月、外務省は「核密約を調査・検証する有識者委員会」を立ち上げ、自民党政権が閉ざし続けてきた難題に斬り込む作業に着手した。以後3カ月半、外務・財務両省に関係文書の提出を命じる一方、関係者からの聴き取り調査に当たった。

「4密約」文書の一部見つからず、検証作業は難航

調査対象の「密約」4件を検証する材料にバラツキもあって作業は難航したが、有識者委員会は2010年3月9日、岡田克也外相に報告書を提出した。

委員会は北岡伸一・東大教授を座長に、河野康子・法政大教授、坂本一哉・大阪大教授、佐々木卓也・立教大教授、波多野澄雄・筑波大教授、春名幹男・名古屋大教授（元共同通信記者）の6委員で構成。いずれも日米外交・安保・沖縄問題の専門家で、外務省参与（非常勤国家公務員）として、守秘義務が課せられている。検証対象としたのは、(1)核搭載艦船の一時寄港・領海通過、(2)朝鮮半島有事の際の米軍による在日米軍基地の自由使用、(3)緊急事態の際の沖縄への核の再持ち込み、(4)沖縄返還時の原状回復補償費肩代わり――の「4密約」。今回の報告、「いわゆる『密約』問題に関する外務省調査報告書」が冒頭に掲げた「序論　密約とは何か」の

記述を紹介したうえで、本論に進みたい。

「⑴『狭義の密約』とは、両国間の合意あるいは了解であって、国民に知らされておらず、かつ、公表されている合意や了解と異なる重要な内容（追加的重要な権利や自由を他国に与えるか、あるいは重要な義務や負担を自国に引き受ける内容）を持つもの。厳密には密約とはそういうものを指して言うべき。その場合、当然合意文書が存在。他方、『広義の密約』とは、明確な文書による合意でなく、暗黙のうちに存在する合意や了解であるが、やはり、公表されている合意や了解と異なる重要な内容を持つもの。今回の作業は民主主義の原則に立って行う検証作業の一つであり、広義の密約も対象。

⑵安保改訂交渉の重点は、基地使用に係る日本側の発言権の確保（核心は核持ち込み）、朝鮮半島における米軍の基地自由使用。核兵器については、戦術核兵器の発展も考慮する要あり。

⑶しばしば指摘されるように、条約それ自体は一片の紙切れ。権利義務が履行されるのは、両国間に信頼関係と共通の利益があるとき」。

「核持ち込み」「米軍出撃」「返還補償肩代わり」を〈密約〉と認定

有識者委は、以上の共通認識に基づいて関係資料を分析・精査、膨大な報告書をまとめており、「4密約」についてどう判断したかを、項目別に見ていきたい。

▼核搭載艦船の一時寄港・領海通過　1960年1月の藤山愛一郎外相とマッカーサー駐日米大使が事前協議制を巡って交わした「討議の記録」のコピーなどが見つかった。しかし、日米間の解釈にずれがあった。63、64年にライシャワー駐日大使が大平正芳外相、佐藤首相に米艦船の核持ち込みを「事前協議の対象外」にする立場を伝えた。日本側は米側に解釈を改めるよう働きかけず黙認。米側も深追いせず、「暗黙の合意」が形成された。これは「広義の密約」である。

▼朝鮮半島有事の際の米軍による在日米軍基地の自由使用　60年1月の藤山外相マッカーサー大使が交わした「朝鮮議事録」のコピーなどが発見され、「密約」と認定した。半島有事に出撃する在日米軍の戦闘行動の際、事前協議なしに米軍が在日米軍基地を自由に使用できることを例外的に認める内容。ただ日本側は「事前協議の意義を減殺させる不本意

なもの」とも認識し、後の沖縄返還交渉で米側に同議事録の失効を求めたが、調整はつかなかったことも判明した。

▼緊急事態の際の沖縄への核の再持ち込み　沖縄返還時に「有事の際の沖縄への核再持ち込み」を認める密約があったとされる問題で、佐藤首相とニクソン米大統領が69年11月の日米首脳会談の際に密かに交わした「合意議事録」について、拘束力はなく「必ずしも密約とは言えない」と否定的見解を示した。なお、佐藤元首相の遺族が保管していた「合意議事録」の効力について、後継内閣に引き継いでいなかったことから「(佐藤氏は)議事録を自分限りのものと考え、長期的に政府を拘束するものとは考えなかったのではないか」と推定した。

▼沖縄返還時の原状回復補償費肩代わり　この「肩代わり密約」は、最大の根拠とされていたスナイダー駐日米公使と吉野文六外務省アメリカ局長による71年6月の議事要旨が、外務省調査では見つからなかった。米側の公開資料を精査した結果、報告書は、議事要旨の「狭義の密約」性を否定。しかし、米側が「自発的」に支払うとした400万ドルの肩代わり合意と、日本側が支払う3億2000万ドルへの積み増し了解は「両国政府の財政処理を制約する」として、「広義の密約」と判断した。

「『日米安保』を支えたガラス細工」

「調査報告書」はA4版108頁にも及び、331件の関連文書も併せて公表された。歴代自民党政権から民主党への政権交代によって、半世紀以上も隠蔽されていた「密約」の実態が国民の目に曝された意義は極めて大きく、戦後外交の〝暗部〟に迫った有識者委報告を評価したい。歴代自民党政権は、密約の存在すべてを否定してきた。東西冷戦時代にあって「密約」を結ばざるを得なかった国際状況があったにせよ、国民を欺き続けた罪は大きい。特に1990年の「冷戦終結」から20年間も自民党政権は「事前協議がないから、密約はなかった」という牽強付会な理屈で、国民を煙に巻いてきたのである。

「報告書」が指摘した内容と背景については、第1章と第2章で触れたが、今回の調査によって68年1月27日付の東郷文彦北米局長による極秘メモが見つかったことは、大きな成果と言える。同メモには「安保改定交渉、特に事前協議条項に関する交渉を通じ、我が方は総ての『持ち込み』(introduction)

は事前協議の対象であるとの立場をとり、艦船航空機の『一時的立ち寄り』について特に議論した記録も記憶もない。この点はジョンソン大使による米国のメモとも一致する。1月26日の同大使の説明によれば、事前協議に関し、『事前協議は米軍及びその装備の日本国内への配備、並びに艦船航空機が日本の領海及び港へ入る場合の現行の手続きを変更するものではない』という了解事項にあり、米側交渉当事者は、具体的に言及しなくともこれが『一時立ち寄り』に関するものであるということは日本側にとっても自明であると考えていたということである。然るに日本側交渉当事者は、右了解は事前協議条項と地位協定第5条に関するものと解し、『一時的立ち寄り』に関するものとは思っていなかったのが実情である」と明記されている。

東郷氏は、東京新聞（3・5朝刊）のインタビューに応じ、「日本は『米国が言ってこないのだから、核は搭載していないと信じます』。米国も日本の状況を理解して黙っている。こうやって両立不可能なものを両立させて、1989年の冷戦終結までこのデリケートなガラス細工で突っ走った。その結果、日本は冷戦の最大の勝ち組として生き残ったわけだ」と語っていたが、「日米安保を支えた『ガラス細工』」の表現には、冷厳な外交トリックが秘められている。

日本政府は国民に対して「表向きは核搭載艦船の寄港を認めない」と言い続ける反面、〝米側の解釈〟を知りながら異を唱えず、寄港を黙認してきたことが証明されてしまった。当時の佐藤首相から田中角栄、中曽根康弘、竹下登の各氏らが首相在任時に説明を受けたことを示す記載もあり、89年のメモには、首相就任直後の海部俊樹氏に説明したと記されている。米国の手練手管に振り回される日本外交の悲しい姿だったと、慨嘆せざるを得ないのである。

「佐藤首相の署名文書」は、一級資料ではないのか

有識者委員会が「核搭載艦船寄港」に関して「広義の持ち込み」と認定したものの、「沖縄への核再持ち込み」については「佐藤元首相の遺族が保管していた『日米首脳合意議事録』は、（佐藤首相が）自分限りのものと考え、長期的に政府を拘束するものとは考えなかったのではないかと推定する」として、「密約とは言えない」と結論づけたことに疑問が残る。佐藤氏自らが署名した「極秘文書」が見つかったのに、この判断は不可解だ。ノーベル平和賞を受賞した佐藤首相を

傷つけたくないとの配慮か?……とも勘繰りたいほどだ。

また「米軍補償費肩代わり」に関して「広義の密約」を認めたが、「吉野文六氏署名文書」や「吉野証言」に対してもっと踏み込んだ判断が欲しかった。「BY」の署名文書に、疑いを差し挟む余地のない真実を感じるからである。

有識者委員会の検証作業が難航したのは、当然あるべき重要文書が存在せず、文書があっても不自然に欠落していたからだ。2001年の「情報公開法」施行前後に〝問題文書〟が廃棄された疑いは濃く、検証作業に当たった委員からも「いくら捜しても、存在するはずの文書が見当たらなかった」との不満が洩れ伝わっている。意図的な廃棄は言語道断だが、不用意な文書廃棄は検証・監視を阻み、国民の知る権利侵害につながる。有識者委員会も「いずれの行政官庁も歴史的に重要な文書の不用意な廃棄などが行われていた」と指摘、行政官庁に文書管理の徹底を要請している。岡田外相は直ちに省内に記録公開と文書管理の改善に向けた対策本部を設置。情報公開へ向け、適正運用する仕組みづくりを急ぐ方針という。これまで外交文書は30年で公開するというルールがあったが、有名無実化していた。今回の「密約問題」の引き金になったのは、2000年前後の「米国公文書」公開だった。民主党への政権交代によって「密約」検証作業が進み、「情報公開法」の厳正適用が確認されたことは、民主政治確立のためまことに有意義だった。

「政権交代でやっと明らかになった戦後の日米密約だ。有識者委員会は核持ち込みや沖縄返還費用肩代わりなど少なくとも広義の密約があったことを認めた。歴代政権の国民へのウソの説明で窒息しかけた戦後史の真実が辛うじて救われた形だ。今まで自国政府の過去の約束を他国の文書や証言で知らされてきた日本人だった。情けないにもほどがある。どんな政治家も外交官もいつかは国民の審判を受ける覚悟なしに国の運命にかかわってはならない——外交への信頼回復はその当然の確認から始めるしかない」(毎日新聞3・10朝刊『余録』)との指摘は、「密約検証」の意義と問題点を端的に指摘していた。

なお、「有識者委報告」後の3月12日、菅直人財務相は「米銀行への無利子預金」に関する調査結果を発表。沖縄返還時の通貨交換で日本側が得た1億3000万ドルを無利子で預けていたことを「広義の密約」と認めた。日本側に文書は残っていなかったが、米外交文書などをもとに調査して明らかになった。27年間の運用益は米国に提供されたという。

有識者委調査は一段落したが、今後もあらゆる機会を捉えて、米国側資料との照合や新たな資料発掘の作業を精力的に継続してほしい。

「非核3原則」を守り抜け

最後に「非核3原則」堅持の再確認を強く要望しておきたい。今回の検証作業で「核搭載艦船寄港の密約」が明らかになったことによって、「非核2・5原則」か「非核2原則」に改定すべきだとの現実論が台頭することに警戒の目を注がなければならない。先に取り上げた「元外務省高官の相次ぐ〝密約〟発言」の背景が気になるからだ。

この点、「有識者委報告」後の記者会見で、鳩山由紀夫首相が「非核3原則は、これまで通り堅持する」と明言したことを信じたい。1991年以降米艦船への核搭載はなく、将来的にも日本への「核持ち込み」は考えにくい国際状況であろう。米民主党政権のオバマ大統領が「核なき世界」を訴え、国際社会は核軍縮・不拡散への取り組みを強めている。「核廃絶」への道程はなお険しいが、国連加盟国の大多数が決議に同意したことに希望を託したい。従って、戦後日本が掲げた国是「非核3原則」は、世界平和の道標であるとの認識を日本国民が共有し、国際社会の先頭立つ気概を発揮したいと願っている。

池田龍夫（いけだ　たつお）ジャーナリスト・日本記者クラブ会員。一九三〇年生まれ。一九五三年毎日新聞東京本社入社、新潟支局・社会部を経て整理本部へ。整理本部長・中部本社編集局長・新聞研究室長・紙面審査委員長などを務める。
主な著書に『新聞の虚報・誤報』（創樹社）、『崖っぷちの新聞』（花伝社）など。

アメリカの世界戦略と日本

鈴木顕介

2010年3月9日、戦後日本がその存立の基盤としてきた日米同盟、その基幹である日米安全保障条約の実態が白日の下にさらされた。日米合意の核密約の存在と半世紀にわたってそれを否定、国民を欺き続けてきた虚構が明らかにされたのである。本来国の安全保障は、国民の合意があってはじめて成り立つ。「国論が二分して合意形成が難しい。お上がみなのために良かれと思うことをやるのは当然だ」という意識がこの密約の根底にある。

今沖縄の基地問題をきっかけにして、日米同盟の在り方、日本の安全保障について国民的関心が高まっている。できるだけ多くの情報を知り、それに基づいて自ら判断することが今喫緊の課題である。

まず、アメリカの世界戦略が拠りどころとする情報分析の一端を紹介する。それに基づくオバマ政権の世界戦略、その中での日米同盟の位置づけを見る。全てのデータはすでに公開されているアメリカ政府文書と記録を使い、予断が入り込まないようにした。次に日本にとって脅威とは何かを分析、日本が目指すべき世界戦略とその中での日米同盟の在り方を考える。

一　2025年の世界は

アメリカの国家情報評議会（NIC）が2008年11月に公表した「2025年の世界動向」と名付けた長期情勢分析がある。NICは中央情報局（CIA）など全ての政府情報機関が集めた情報を分析し、大統領をはじめとする政権中枢にそれを提供する。内容の全ては開示されてはいないが、この分析はアメリカの世界戦略の基礎となっている。目標年次は2010年から始められ、5年刻みで今回は4回目の分析となる。

この世界動向分析は近未来の世界を次のように見ている。

20世紀の世界を組み立てていた国民国家を基盤とした世界は2025年までには存在しなくなる。中国、インドなどの台頭で国際システムは多極化する。同時に企業、部族、宗教組織、犯罪ネットワークといった非国家組織が相対的に力を増し、世界は多元化する。

西側から東側への富と経済力の移転が続く。中国、インド、ロシアは経済発展で西側のリベラルモデルを採らず、国家資本主義モデルを使う。多くの発展途上国は、中国の発展の成果に惹かれてそれを見習う。その結果は民主化へのアプローチに影響し、アメリカが世界戦略で目指す民主主義の実現が滞る。

新規参入者が新しいゲームのルールを持ち込むことで力が拡散してリスクは増大する。今まで力を持っていた西側同盟とそれがつくり上げてきた世界機関は弱体化する。新しい参入者は国連、国際通貨基金（ＩＭＦ）のような世界機関を都合のいい場合は利用するが、それを盛り立てる意思はない。

基軸通貨ドルの地位は揺らぎ、準備通貨としての立場を失う。中国、ロシア、湾岸産油国の政府系投資ファンドがＩＭＦ、世界銀行が果たしてきた役割を奪う。アメリカがその繁栄の拠りどころとしてきた自由な競争に基づく、経済のグローバル化が覆される。

中国は今後15―20年の間に世界第2の経済大国、一級の軍事大国となる。同時に最大の天然資源輸入国となり、その傾向はますます強まり、世界に最も影響を与える国になる。これはアメリカの安全保障と経済的利益に対する挑戦である。

テロは２０２５年までになくなりそうもない。中東地域で経済成長が続き、若年層の失業が減ればテロの魅力は減るが、グローバル化する世界の中でテロ攻撃をもたらす現実的、心理的要因は、ますます強まっている。生物・化学兵器、それより可能性は低いが、核物質を使用した大量死を招くテロ攻撃の機会は増す。アルカイダ自体は、イスラーム社会で幅広い支持を得ていないので、そのテロ活動は衰退の方向にある。組織の目標が達成不可能で、問題解決にならないと受け取られているからだ。

核兵器使用の危険は非常に低いが、現在に比べれば高まる。核技術と知識の拡散で新たな核保有国が出現し、テロリストグループが核物質を入手する潜在的危険が高まるからだ。インド、パキスタンのような核保有国間のちょっとした紛争の核使用への拡大、北朝鮮のような核保有国での権力交替や崩壊の際の核物質の流出、管理態勢が不備の国が核保有国になった場合の偶発的、あるいは無許可の使用も、懸念材料である。

被害が極めて限定的な低出力核爆弾、発生する電磁波による攻撃で電子機器、情報通信網を破壊する非致死性の高高度核爆発―核兵器を使える兵器化する技術発展が核使用の垣根を低くする。

大中東地域では、イラクの安定化、アラブ・イスラエル対立の平和的解決の見通しが立たなければ、動乱が増えると想定される。イランの核武装を引き金とした核開発競争、これに長距離ミサイル技術が加われば、安全保障上大きな問題となる。

「不安定の弧」の国の中で若年人口が急増を続けるアフガニスタン、パキスタン、ナイジェリア、イエメンのような国では、雇用状況が劇的に改善されない限り、不安定と破産国家の状態が続く。

人口減少が続く先進国地域のヨーロッパ、日本では、人口減少の影響を緩和する努力をしなければ、国力が長期的衰退に向かうだろう。ヨーロッパではイスラーム少数派をうまく取り込めば、生産人口を増やし、社会的危機を避けられる。

世界は新興大国の経済成長の持続、2025年までに12億人が加わる地球人口の増加によって、エネルギー・食糧・水の不足に直面する。気候変動がこれに拍車をかけ、影響は発展途上国、特にアフリカのサハラ以南諸国で著しい。中国のような国が資源ナショナリズムに傾斜すると、大国間対立の危険が増大する。

各国のGDP（国内総生産）、軍事支出、人口、技術力で見た将来予測によれば、2025年までに多くの国の政治的、経済的影響力に変化が起きる。その中でアメリカは唯一の超大国の立場をなお維持するが、その相対的影響力は弱まる。経済力と軍事能力の弱体化で、アメリカは内政と外交政策の間で難しい選択を迫られる。

軍事的優位は2025年になってもなお保たれるが、科学技術の発展、国家、非国家組織による非正規戦術、長距離、精密兵器の拡散、サイバー攻撃の増大によって、行動の自由が狭められる。

アメリカは中東とアジア地域の安定化のためのバランス役、世界的なテロリズムに対する軍事行動での中核として期待される。しかし、影響力を持つ国の多様化と、大国への不信から、強力な協力者の支持なしにアメリカが指導力を発揮するのは難しい。中国、ロシアの動向が、アメリカの政策決定の決定的要素となろう。

二　同盟国とパートナーを核に

20世紀は国民国家で形成される世界で帝国主義諸国が覇権を争う世紀だった。第2次大戦に勝利したアメリカは、凋落したイギリスに代わって覇権を握った。米ソ冷戦後アメリカは唯一の超大国として世界に君臨した。

だが、今多極化し、多元化する21世紀の世界で国民国家を単位とした世界システムはなくなろうとしている。その中でアメリカの世紀は、イラク戦争の失敗、リーマンショックによる経済的挫折を経て、間違いなく終章に入っている。世界は次の世界システムを模索する不安定な流動状況にある。オバマ政権の世界戦略は、この世界でいかに影響力を維持し、国益を守るかを最大のテーマとしている。

クリントン国務長官は2009年7月、外交問題評議会での外交政策演説で、オバマ政権の外交戦略を包括に明らかにした。オバマ大統領初の2010年一般教書演説では、当面の経済立て直しが中心で、外交課題は骨子にとどまった。

クリントンの外交政策演説は、アメリカが世界最強国家として、世界のリーダーであり続けることを宣言している。合意できる枠組みの中でパートナーの組み合わせをつくり、その協力体制を支えにリーダーシップを維持する。パートナーシップの構築が戦略の中核であると次のように述べた。

世界は、多極化し多元化し、直面する課題は複雑化している。この課題にいかなる国も単独では対処できないし、またアメリカ抜きでも対処できない。アメリカは共通の利害、共通の価値観、相互の尊敬に立って共通の課題の解決に取り組む、パートナーシップを築く。パートナーには国家以外の組織、個人も含める。これによって多極化する世界をマルチパートナーの世界に変える。

世界的な協力構造の構築には、アメリカの経済力、規範から生まれる伝統的な影響力を通じて、国々をまとめ、結びつける「スマートパワー」を使う。

アメリカに敵対する国、意見の異なる国との取り組みでは、外交と開発を重視する。しかし、友好国、国益、国民を守るために世界最強の軍事力の行使をためらわない。

スマートパワーによる5つの具体的政策分野は――

①パートナーシップの構築

基本的な同盟関係の再活性化＝欧州では2国間関係の改善とEU（ヨーロッパ連合）との関係強化、NATO（北大西洋条約機構）との再活性化。アジア・太平洋では、日本、韓国、オーストラリア、タイ、フィリピンなどの同盟国との二国間関係と環太平洋組織の強化。大西洋、太平洋両地域にまたがるアメリカの地位を再確立する。

主要新興国とのパートナーシップ＝中国、インド、ブラジル、トルコ、インドネシア、南アフリカ。これら諸国に世界的課題である核不拡散、テロ対策、経済成長、気候変動での協調を求める。

国際的、地域的機関の改革＝国連、世界銀行、国際通貨基金（ＩＭＦ）、米州機構（ＯＡＳ）、東南アジア諸国連合（ＡＳＥＡＮ）アジア太平洋経済協力会議（ＡＰＥＣ）を時代の変化に即して改革する。

パートナー国との関係構築では柔軟かつ実務的姿勢で臨む。アメリカの意見受け入れで二者択一を迫ったり、敵味方の分け方をしない。核実験をめぐる対北朝鮮外交で国連安保理においての合意形成がその例である。

パートナー国との関係を深めるには、パレスチナ・イスラエル紛争解決に取り組む際のような大局的視点に立った時間と忍耐が必要である。

②敵対国・意見を異にする国との関係

アメリカが関与し、外交交渉によって相手を係わりの中に取り込む。イランとの核開発疑惑をめぐる交渉で、国際社会の責任ある一員への参加を促しているのがその好例。直接交渉が最良の手段だ。

③開発の重視

開発による物質的生活条件の向上を通じた国家主導の自力発展への援助。アフリカ諸国と進める世界規模の飢餓対策が例。けん引役としての女性の地位の向上に努める。

④民間活動と軍事行動の協調

アフガニスタン、パキスタンでの目標はアルカイダの打倒。民間人派遣は協力するタリバン支持者を迎え入れ、民生の安定と向上を支援するため、イラクでは米軍撤退で、民間活動支援に重点を移す。

⑤伝統的アメリカの影響力の強化

核兵器削減、核実験禁止、核不拡散を通じた核兵器のない世界実現へ取り組む。気候変動対策では、アメリカが温室効果ガスの大幅削減を率先する。世界的指導力の柱であるアメリカ経済の回復と成長に努める。

三　オバマの描くアジア太平洋

「アメリカは何世代にもわたり太平洋国家であった。アジアとアメリカは太平洋で隔てられているのではなく、つながっている」—オバマ大統領。

　オバマは２００９年11月来日の際の東京演説で、前の節で見たアメリカの世界戦略に立った、最重視するアジア太平洋戦略を明らかにした。

　オバマが演説で挙げた政策の要点を列挙してみる。（「　」は演説からの抽出）
①日米同盟の活性化と深化
「日米同盟が持続したのは、両国共通の価値観の反映があったから。同盟の再確認だけでなく深化で合意した。沖縄駐留米軍の再編での両国政府の合意を、共同作業グループを通じて速やかに進めることで一致した」
②同盟関係の強化と新しいパートナー
「日本、韓国、オーストラリア、タイ、フィリピンとの旧来の同盟関係の強化。インドネシア、マレーシアのような民主化によって経済発展した新興国に期待」「日本、アジアの安全保障でのコミットメントに揺るぎはない」
③実務的対中関係の構築
「共通の関心事について実務的な協力を追求するのが重要。いかなる国も21世紀の挑戦課題に単独で対処はできない。中国が成長する経済力に伴って増大する、責任ある役割を果たすことを歓迎」「アメリカは中国の封じ込めを求めない。中国とのより深い関係は日米同盟の弱体化を意味しない」「米中の戦略的経済的対話を深めるが、アメリカは重視する根本的価値観（人権、宗教、文化の尊重）で主張するのをためらわない」
④東アジア・サミットへの参加
「多国間機関の成長がこの地域の安全保障と繁栄を増進する。アジア太平洋国家としてこの地域の将来を形作る話し合いに関与し、ふさわしい機関には本格的に参加する」「東アジア・サミットへの公式な参画を待望する」
⑤アジアへの輸出拡大
「アメリカの経済成長新戦略は、雇用を創出する輸出の強化。アメリカ以外の国の市場開放が必要である」
⑥気候変動への措置
「全ての国が自国の責任を受け入れ、主要排出国は明確な削減目標を定めるべき。途上国には排出量抑制のための資金、技術援助をする必要がある」
⑦核兵器廃絶
「日米ほど核兵器の能力を知っている国はない」「核兵器が

存続する限り、アメリカは韓国と日本を含む同盟国の防衛を保障する核抑止力を維持する」「全ての国は原子力の平和利用の権利を持つ。核兵器保有国は核軍縮への、非核保有国は保有を断念する責任を持つ」「日本は核兵器開発を拒否しながら、平和的原子力の恩恵を受けてきた。それが日本の安全を高め、立場を強化した」

⑧北朝鮮の非核化

「6者協議への復帰、朝鮮半島の全面的、検証可能な非核化を目指す。近隣諸国との関係正常化には、拉致被害者の消息についての全面的説明が前提」

クリントン国務長官は、2010年1月ホノルルでオバマ東京演説を補完する演説をした。アジア太平洋諸国訪問に先立つ包括的な政策の表明で、歴訪はハイチ大地震で取りやめたが、アジア太平洋地域参入にかける次の注目すべき発言がある。

アジアには今までにない脅威—核拡散、軍拡、暴力的過激主義、金融危機、自然災害、気候変動、病気が国境を越えた共通のリスクとなっている。

地域機関は効果的であるが、結果を重視する。新しい組織を設けるよりも、成果を挙げる組織をつくることが重要。

意義があれば特定の課題に絞った非公式な取り決めにも参加する。近隣諸国の共通の利益を推進する準地域機関を支援する。

すでにある日本・オーストラリア。日本・韓国との3国間戦略対話に加え、日本・中国、日本・インドとの3国対話を通じて関与の機会を増やす。

ASEAN地域フォーラム、ASEANプラス3、上海協力機構に積極的に参加したい（地域フォーラムを除いては未加盟）、アメリカはアジアに戻り、ここに留まる。関与の拡大とパートナー諸国との協力を通じて、アメリカとこの地域が持つ素晴らしい可能性を実現させる。

オバマ東京演説は、アメリカがアジア太平洋国家であり、この地域の安定と繁栄のためにはアメリカの存在が欠かせないと強調した。台頭する中国をにらんで、アジア太平洋地域でアメリカの地歩を固めることが、21世紀のアメリカの生存にとって必要不可欠であることを認めたからに他ならない。

東アジア・サミット、ASEANプラス3への正式参加の期待も表明した。東アジア・サミットはASEAN10カ国に日、中、韓、インド、オーストラリア、ニュージーランドを加えた組織で、前ブッシュ政権とは打って変わった積極姿勢である。ASEANプラス3の3は、日・中・韓である。いずれもアメリカ抜きでのアジア太平洋に対する異議であり、参入への決意表明である。

クリントンは上海協力機構への参加の意向まで表明した。この組織は中ロと中央アジア4カ国（ウズベキスタン、カザフスタン、キルギス、タジキスタン）が参加。中国の音頭とりでつくられた、いわばアメリカの対極にある組織である。

世界の舞台での影響力が低下するアメリカに対し、中国は明らかに第2の経済・軍事大国への道を歩んでいる。資源確保という目的はあるにしても、アフリカ、南米から中央アジアまで影響力の拡大は著しい。

その中国と覇権を競うのではなく、新戦略「パートナーシップ」の中に引き入れて、「勢力圏づくりを競うのではなく、協力圏づくりを深める」（オバマ演説）、グローバルな課題への対応で大国化に見合った責任の分担（ステークホールダー）を――という戦略である。

中国の発展は、経済発展と共産党一党独裁の政治体制との矛盾、国内の所得、地域格差の増大、経済成長に見合う資源確保など多くの不安定要素を抱えている。アジア太平洋地域諸国には、この不安定さへの懸念がある。

オバマ戦略は日米同盟を含め、アメリカのアジア太平洋地域に対する安全保障が揺るがないことを強調した。核兵器廃絶で日本の原子力平和利用を賞賛する一方で、日韓への核の傘、拡大抑止を保障した。この背景には、アジア太平洋地域に参入し、この舞台でリーダーであり続けるには、台頭する中国に対し軍事力だけでなく、アジア太平洋に存在すること自体が広義の抑止力になる。そのためには同盟国の存在が欠かせないとの判断がある。関与を緩めた場合、日本を含めた地域の核開発競争を誘発、地域がアメリカの制御不能な状態に陥ることを阻む狙いも含まれている。

四　新国防政策の中のアジア

ここではアメリカが軍事戦略的にアジア太平洋をどうとらえているかを、2010年2月1日に公表された「2010年・4年ごとの国防政策見直し（QDR）」から見る。この報告は、オバマ政権になって初めての、ふかん的な世界情勢分析の上に立った軍事戦略の基本方針である。

この中の「関係の強化」の項の地域と国に関わる防衛計画についての記述から、その骨子を抜き出した。

基本姿勢

現在の同盟国と、創設する新しいパートナーシップが、アメリカの安全保障戦略の核心である。外国の政府と国民の関心事、考え方、態度を理解する能力の向上が必要。アメリカの言動が同盟国やパートナーに与える影響に配慮する。同盟国、パートナー国との思慮深い取り組み、意見交換、協力が不可欠である。

アジアでのプレゼンスの基盤は伝統的な条約で結ばれた同盟国である。この地域の米軍のプレゼンスがあって、同盟は平和と安全保障に役立ってきた。これからもアメリカは安全保障上のコミットメントを維持する。

地域別方針

北東アジアでは、国防総省は、日韓と合意に達した計画を遂行するため作業を進める。2国間、地域、グローバルな包括的同盟。米軍再編、安全保障での役割の再構成。集団的抑止と防衛力の強化。これらによって、同盟国は21世紀の安全保障環境に適応する力、即応性、柔軟性を備えられる。

環太平洋ではオーストラリアとの同盟を、アジアを越えたグローバルな課題での協力へと広げ、パートナーシップを深化させる。

東南アジアではタイ、フィリピンとの伝統的同盟を強化。シンガポールとのパートナーシップを強化。インドネシア、マレーシア、ベトナムと新しい戦略的関係を進展させる。対テロ、対麻薬への取り組み、人道支援作戦を支持する。

中国

中国の地域・グローバル経済と安全保障へのプレゼンスと影響力の増大は、アジア太平洋地域、グローバルな戦略環境に最も影響を与える。特に中国軍は、地域的、世界的な利害の拡大を支えるため、新たな役割と能力を高めてきている。中国軍は国際問題で本質的、建設的な役割を果せるようになっている。アメリカは強力で繁栄した中国が、より大きいグローバルな役割を果たすのを歓迎する。今よりも大きな協力がもたらすプラスの利益を歓迎する。

しかしながら、中国の軍拡の性格と透明性の欠如、また意思決定の手順は、アジア、またそれを越えた地域での今後の行動と、意図について疑問を抱かせる。

中国との関係は、相互の利益増進のため信頼を高め、誤解を低めることによって、多面的になり強化される。両国のように広範で複雑な関係には常に存在する、紛争のリスクと取り組み、究極的にはそのリスクを減らすため、米中は対立点を話し合うチャネルを維持すべきである。

国防体制の原則

国防体制の基本要素は次の3つである。①前進配備とローテーション展開した兵力、戦闘能力と装備②それを支援するインフラ・施設の海外ネットワーク③同盟国、主要パートナー国と結んだ条約、配備・移動・地位保全の協定、取り決め

国防体制は次の原則に立ってつくられる。

米軍の前進配備、ローテーション展開は適切かつ必要である。長期にわたる米軍の海外駐留は、同盟国・パートナー国との相互安全保障関係でのコミットメントを再確認し、受入国との間に永続する信頼と善意を生み出し、米軍のその地域と文化に対する理解を増進する。信頼関係は注文して、すぐにつくり上げられるものではない。

国防体制は次の2つのバランスを取る。一つは、同盟国・パートナー国へのコミットメントを保障する永久的な海外駐留、これには緊急事態と新たな脅威に柔軟に対応する能力を伴う必要がある。もう一つは遠隔地でのグローバルな安全保障上の事態である。

アメリカの防衛体制は、世界の安定に役立つ影響を与え、受け入れ国に歓迎されねばならない。米軍の前進配備、ローテイション展開は、その地域の安全保障に寄与するように計画される。また、同盟国とパートナー国に抑止力を再確認し強化するため、増強、削減、再編される。アメリカは、同盟国・パートナー国との緊密な取り組みによって、適切な軍事的プレゼンスを維持し、地域の安全保障の維持で建設的役割を果たす。

今後5年の具体的計画

欧州ミサイル防衛計画の進展を含む、欧州とＮＡＴＯに対するコミットメントの再確認。

同盟国、パートナー国との取り組みによるアジア太平洋地域の平和と安全の確保。

大中東地域、アフリカ、南アジアでの戦略的国防計画の作成では、現在実施中の作戦と、危機対応、阻止・抑止活動とを両立させる。

アジア太平洋の同盟国・パートナー国には、地域における

安全保障と並んで、グローバルな安全保障への寄与を促し、それを強めることを求める。

日本・韓国に関わる計画

アメリカは地域の安定を維持し、日韓両国に対する拡大抑止を含む安全保障を確約する防衛的プレゼンスを継続する。

地域での抑止力と緊急即応能力を高め、アジアのパートナー国が人道的危機や自然災害を含む緊急事態に、効果的に対応できるように努める。

日本に対しては、米軍の長期日本駐留を確実にし、米国の最西端の領土、グアムを地域の安全保障活動のハブにする、日米間の再編ロードマップ協定の履行を求める。

アメリカは朝鮮半島での米韓同盟による抑止と防衛能力を強化し、地域とグローバルな防衛協力も強化する米国と合同軍の計画を進める。これには２０１２年の韓国軍への戦時作戦と統制権移管を伴う、韓国の自国領土の合同防衛での主導的な役割増進が含まれる。

この国防戦略から明らかになるのは、中国に対する軍事的視点からの警戒感の強さである。詳細の引用は省くが、「国防政策見直し」には、中国の軍近代化に伴う、米軍の地域戦力投入を阻止する「アクセス拒否能力」の向上、情報・通信能力を無力化するサイバー攻撃、衛星破壊を含む宇宙空間攻撃の能力分析と、対応策が描かれている。

アメリカの世界戦略の基本は、同盟国、パートナー国をアメリカの軍事戦略に組み込んで、軍事戦略上一体化することにある。志願兵制度のアメリカ軍の兵力供給の難しさは、イラク、アフガンの2つの戦場への対応で明らかになっている。「国防政策見直し」でも、「軍人・軍属とその家族のケア」の一章を設けている。パートナー国の組み込みは、人的体制の難問を解くカギである。

五　軍事的従属国の日本

「日米同盟はアメリカのアジア太平洋への関与と安全保障の枠組みの基幹である」とクリントン国務長官は、岡田外相とのホノルル会談後の記者会見で述べた（10年1月12日）。

クリントン発言をそのまま見れば、日本への期待と読める。しかし、その一方で沖縄の基地問題では「もう決まったこと」の一点張りで交渉の余地すら残さない。「基幹国」と位置づけながら、なぜこのような態度をとるのか。

敗戦後60年を超す安全保障をめぐる日米関係を見るとそれが明らかになってくる。

日本は産業基盤を全て破壊された焦土から、20世紀の奇跡とはやされた復興を成し遂げた。1952年に占領は終わった。独立の回復は政治的自立を意味した。それから経済的には幾多の困難を克服して、GDP（国内総生産）世界第2位を勝ち取った。しかし、安全保障上の自立はそれに伴わなかった。

アメリカの当初の占領目的は、日本の軍事的可能性を将来にわたって取り去ることにあった。戦争完全放棄の憲法の制定も、国の最高基本法で再軍備をしばるのが狙いであったことは疑う余地はない。

敗戦後2年と経たないで始まった米ソ冷戦で、アメリカは日本の完全非武装方針をあっさり捨て、むしろ対ソ冷戦への組み込みを狙った。だが、それはあくまでアメリカの支配下での軍事化であった。占領下での最高法規、連合国最高司令官の「指令」によって、警察予備隊の名で再軍備が始められたのは、その後の日米の軍事関係を象徴している。朝鮮戦争の発生で占領米軍が朝鮮半島に出撃した空白を埋める、米軍のまさに補助部隊としての誕生だった。

日米安全保障条約は、講和条約と不可分の条約として、講和条約調印当日、密かに生まれた。朝鮮半島での戦火が収まった直後、休戦協定すら結ばれていなかった時期である。ソ連はすでに原爆を保有、冷戦の対立は深まるばかりだった。安保条約締結は、講和に伴って占領軍としての米軍が撤退を迫られ、軍事的空白が日本列島に生まれるのを是が非でも避けたい至上命令であった。当然のことながら、日本全土の基地としての自由使用、米軍要員に実質的治外法権を保障する行政協定がそれに付随した。

1960年の安保改定は、調印の際アイゼンハワー大統領がうたい上げた「対等」がキーワードだった。内乱鎮圧条項の削除、アメリカの日本防衛義務の明記など、旧安保に比べ改善点はあった。だが、新安保条約の発効を高らかに祝うはずのアイク訪日が、安保反対デモによる治安維持の難しさを理由として取り止められたことが、新条約の姿を現していた。

新条約は現在日本全土の75%という、当時はまだ日本から切り離されていた沖縄への異常な基地集中を招いた。占領の継続による土地の自由使用と、東アジア全域をにらめる戦略的位置の魅力からだった。冷戦期には1200発を超した戦術核を抱える核基地化を生み、ベトナム戦争での北爆発進基地となった。

1997年の「日米防衛協力のための指針の見直し」、いわゆる新ガイドラインで、日米安保条約は「アジア太平洋地域の平和と安全」へと地域が拡大された。「周辺事態」への対応という形で、事態次第で対象地域を決められる含みも織り込まれた。自衛隊の後方支援による米軍との一体運用も可能になった。1994年の北朝鮮の核開発をめぐる米朝間の軍事的緊張の高まりが背景にあった。同時に、冷戦終結でソ連という仮想敵国を失った条約の再定義でもあった。

2005年10月「日米同盟：未来のための変革と再編」と名付けられた文書が、日米間で合意された。「日米同盟は、世界における課題に対処する上で重要な役割を果たす」―目的がこう明記された。日本防衛が目的であった日米安保条約を根幹から変え、日本をアメリカの世界戦略に組み込む内容である。本来国会に承認を求める新たな条約とすべきものを米軍再編に伴う、「2＋2」と呼ぶ両国の外交、防衛のトップ（ラムズフェルド国防長官、ライス国務長官、町村外相、大野防衛庁長官）による日米安全保障協議委員会での合意の形で決められた。普天間基地閉鎖と県内移転、海兵隊のグアムへの部分移転など沖縄米軍基地をはじめとする在日米軍再編が盛り込まれた。再編取り決めでは、自衛隊の米軍との一体運用が強化され、全世界への展開を名実共に可能にした。

さらに2006年5月に「再編のためのロードマップ」が取り決められる。対象地、時期を決めた在日米軍と自衛隊再編の具体的な工程表である。

ここで指摘したいのは、日本が日米安保条約によって、戦後の独立回復以来、一貫して軍事的にはアメリカに従属した状態に置かれてきたことだ。

アメリカに武装解除され、日本人も自ら再軍備を望まなかったところに、平和憲法がある。冷戦下での自国防衛は好むと好まざるとにかかわらず、アメリカに依存する選択しかなかった。むしろ冷戦下にあっては、講和に当って再軍備を拒否し、経済復興に集中した吉田首相の路線選択は、経済的繁栄を求める点では、当たっていた選択であった。

憲法を拠りどころにした冷戦の中での熱戦参加拒否は大きな意味があった。安保改定時にそれと並んで岸首相が求めた憲法改正、自主武装は、アメリカも望んでいた路線であった。岸路線が挫折しなければ、日本自衛軍のベトナム参戦の可能性は十分にあった。

冷戦の終結で日米同盟を取り巻く状況は大きく変わった。にもかかわらず、日本は朝鮮半島、台湾海峡という冷戦状況が残ることを理由として、安全保障での対米依存の再検討を避けた。自衛隊は歴史の流れの中で拡充を続けたが、現在でも自立した戦力にはなっていない。米軍との一体運用で初めて戦力化する。平和憲法との整合性を含め、自らの安全保障問題について国民的討議をなおざりにして、アメリカの言うがままに自衛隊を育ててきた帰結でもある。

日本は自らの世界戦略を持たないために、アメリカの世界戦略に翻弄され、その指示に従うしか選択を持ち得ない。普天間基地問題はまさにその象徴である。民主党政権も戦略を考える時間的ゆとりのないままに、普天間問題を突きつけられた。

アメリカは、クリントン国務長官の２００９年2月来日の際に、自民党政権下で合意したロードマップの中の米海兵隊グアム移転に伴う資金提供を協定化した。民主党政権誕生必至と見た民主党政権に対する事前のしばりである。

もう一度、今まで触れた一連のオバマ、クリントンの発言からアメリカの原則と、沖縄の基地問題についての態度の矛盾をあげてみよう。

クリントンは外交問題評議会での発言でオバマ政権の世界戦略の基盤にパートナー国の組織化を挙げた。このための原則として、パートナー国との関係構築では柔軟かつ実務的姿勢で臨む。アメリカの意見受け入れで二者択一を迫ったり、敵味方の分け方をしない。紛争解決に取り組む際には時間と忍耐が必要、と述べた。

その一方でホノルルでは、アジア太平洋政策演説で、日本との関係を最も成功した2国間関係とたたえた。その一方で岡田外相との会談後の記者会見の冒頭発言では、普天間問題で約束に沿ってくれることを期待するとダメ押しをしている。

オバマも東京演説で同盟の深化をうたい上げた直ぐ後に、沖縄駐留米軍の再編での両国政府の合意を速やかに進めると、あたかも当然の既定の事実として発言した。核なき世界での共同行動を語る同じ口からの言葉とは信じ難い。

「国防政策見直し」でも、文中傍点（71―72頁）のように、民主党政権下での再協議の道を全く封じている。これらの矛盾した対応の裏には、国家戦略で安全保障問題を全てアメリカに任せてきた日本と、その長い時間の間に一任を当然のことするアメリカの自信が作られてしまっている構図がある。

六　北朝鮮、中国の脅威

日米同盟を考えるとき、日本人の最も素朴な心配は、「アメリカが守ってくれなくなったら」、という日本に対する脅威の問題がある。

何を脅威と考えているかについて、内閣府の2006年調査がある。「日本の平和と安全の面から関心を持っていること」の問いに、第一に挙げられたのは、「朝鮮半島情勢」で63・7%だった。次が「国際テロ組織の活動」で46・2%、第3が「中国の軍事力の近代化や海洋における活動」で36・3%だった。これから見ると、北朝鮮を脅威と見ている日本人が多いことが分かる。

国民国家を構成要素とする世界システムが薄れていく中で、現在の脅威は国家間の対立を踏まえた伝統型の脅威と、テロのように相手の主体をとらえることが難しい非対称型の脅威に分かれる。

伝統型の脅威の場合、相手側の持つ能力と、その意図が現実化するシナリオを描くことで、脅威が現実のものとなるかどうかが判断できるので、テロに比べればとらえやすい。朝鮮半島の脅威を考えてみよう。

金正日の余命がカギ

2回にわたる核実験、運搬手段となる長距離ミサイルの発射実験は、脅威の能力の誇示である。能力が具体的脅威になるには、そのシナリオが描けねばならない。

今北朝鮮が抱える最大の問題は、金正日総書記の健康問題である。2009年4月のミサイル発射、5月の第2回核実験と矢継ぎ早の挑発行為の後、8月クリントン元大統領の訪朝を受け入れた。拘束された女性ジャーナリストの解放が目的とはいえ、金正日との首脳会談を設けた。

長らく病気が伝えられた金正日の健康状態をアメリカにさらして、十分統治能力があり、交渉相手になることを示すのが、大きな狙いであったことは間違いない。

北朝鮮は建国60年に当たる2012年を「強盛大国」実現の年としている。

「強」は軍事力の強さを意味し、「盛」は生活の豊かさを意味する。核とミサイルは強さのシンボルとなる。だが、生活の豊かさの実態については、的確な情報が入手できず、全く相反するかけ離れた話が伝わってくる。

毎年正月に出る「三紙共同社説」は、北朝鮮のその年の施政方針である。国民は末端までこれを学習する。方針の徹底であると同時に、政府の国民への約束でもある。

今年の社説は、「人民生活第一主義」を掲げ、「食の問題の解決より差し迫った重要な問題はない」と農業生産の拡大を掲げた。それと並んで一般消費財、生活必需品の増産を軽工業部門に指示した。

北朝鮮政府に近い筋は、民生充実に生産力を振り向けるゆとりができたからと説明する。他方、国民が生活に窮乏しては体制の維持が難しくなるところまで追い詰められたからとの解説もある。

いずれをとるにせよ言えるのは、戦争の準備ではなく、今よりも豊かな生活を国民にさせたいという民生安定の重視である。

金正日の健康が許す間になんとしても、アメリカとの関係を正常化して、日韓との関係も改善、そこから生まれる経済援助をテコに豊かさを取り戻すメドをつけねばならない。その上で息子への権力の移譲を果たすのが、金正日にとって至上命題なのである。

北朝鮮の生殺与奪の権を握っているのは実はアメリカの抑止力ではなく、中国である。石油供給、食糧、生活必需品に至るまで、北朝鮮は全面的に中国に依存している。中国は核をめぐる6カ国協議の中でも、この武器を使ったことがある。現在はむしろ、権力移譲に伴う混乱を避けるためにも、安定的な供給を続けていると見てよい。

北朝鮮にとって、中国は歴史的、地政学的に見て脅威であった。アメリカは見方によれば、中国の潜在的脅威に対するバランス役になる。北朝鮮を挟んだ、近い将来には統一朝鮮と米中による安定維持の三角関係が成立する構図が十分考えられる。

こう見ると、北朝鮮の核とミサイルはこの状態を作り出すための手段であって、現実の兵器として使う可能性は限りなく低いといえる。安定的な関係がつくられるまで北朝鮮は絶対核を手放さないだろう。一旦体制が保障されれば、核のない朝鮮半島の実現も夢ではなくなる。核使用も含めた北の脅威が現実のものになるシナリオを書くのは極めて難しい。むしろ考えられるシナリオは非核化へのシナリオで、そのまず第一のカギは金正日の余命が握っている。

米中とも北朝鮮をめぐって一番頭を悩ましているのは、北朝鮮の軍事的暴発ではなく、権力継承がスムーズに進まなかったときの混乱への対応である。在韓米軍司令官シャープは10年3月11日に北朝鮮の大量破壊兵器除去専門部隊の存在を明らかにした。中朝関係筋によると、中国はすでに北朝鮮の軍事的暴発、内部混乱など緊急事態の際には、それを阻止するため軍事介入する用意のあることを北朝鮮に伝えてあるという。

冒頭で紹介した「2025年の世界動向」が興味ある北朝鮮コラムを載せている。

2025年までに統一朝鮮が実現する可能性がありそうだ。統一国家としてではなくても、何らかの形の南北連邦として。北朝鮮の核兵器計画放棄への外交的取り組みは続いている。統一時に北の核兵器と生産設備が破棄されるかどうかは分からない。統一朝鮮は再建の経済負担が莫大なため、朝鮮半島非核化によって国際社会への受け入れと、経済支援を手にする—これが、ありそうな見通しである。緩やかな連邦朝鮮が非核化への道を複雑にする可能性がある。非核化、非武装化、難民流出、経済再建といった課題と取り組む新たな形の大国間協力が、朝鮮が統一された結果持ち上がってくる可能性がある。

台湾海峡は波静か

内閣府世論調査では中国に脅威を感ずる人は3番目で、北朝鮮よりずっと低かった。中国の軍事的発展で最も国際的関心を引くのは、台湾海峡の大陸側へのミサイルを含む軍事力の集中である。

中国の胡錦濤政権は内外政で「和諧社会」「和諧世界」の実現を訴えている。

2005年の国連創設60周年の総会で胡錦濤国家主席は和諧世界論を提起した。「和諧」とは調和のとれることを意味する。急速な経済発展が都市と農村部の貧富の地域的格差、社会階層間格差を生んでいる。和諧社会の実現は内政上の急務でもある。

一方、中国にとって持続的で安定した経済成長の継続は、その発展と社会の安定にとって不可欠である。経済成長を当面輸出に委ねる中国にとって、安定した国際環境がなければ、それが果たせない。アメリカが呼びかける「責任ある大国」は、すでに中国の側でも認識されている。

非伝統的脅威の出現は中国にとっても、アメリカと同じく対応が難しい新たな脅威である。中国は中央アジアのイスラーム諸国と国の西側の国境で接する。新疆ウイグル自治区のイスラーム系少数民族、チベット自治区のチベット族への対応は、アメリカが直面するイスラーム過激派の問題に類似する。

一口で言えば、大国化する中国は大国アメリカが直面するのと同じ問題を投げかけられ、否応なしに取り組みを迫られている。そこに大局的な話し合いの場が生まれてくる。オバマ政権下で閣僚級に格上げして初めて、２００９年7月に開かれた米中戦略対話は、それを物語っている。

同時に、中国の側にもアメリカに対する強い警戒感がある。最も警戒するのは、中国の現政治体制を根底から覆す「和平演変（平和的転化）」である。

２００８年の軍事支出はアメリカが世界1位、５４８５億ドルに対し、2位ではあるが中国は６３６億ドルと、アメリカの軍事費の12%にも及ばない（スウェーデン・ストックホルム国際平和研究所）。中国の軍拡はアメリカに対する有意の抑止力にまだまだ達していないからだ、というのが中国側の言い分である。軍事力の差だけではない。軍事的緊張は経済発展を阻害し、政治体制の不安定化に結び付く。このシナリオは避けねばならない。中国の側から見ても、全面的な軍事対立の蓋然性は極めて低い。

米中間で実弾が飛ぶ最も危険性の高い地点とされたのが台湾海峡であった。前江沢民政権下では１９９６年に台湾の総統選挙への圧力を狙って、中国軍は台湾周辺海域で大規模な演習を実施した。これに対しアメリカは空母機動部隊を送って牽制するというつば競り合いがあった。

胡錦濤政権下でも台湾海峡の大陸側への多数のミサイル配備を含めた軍事力の展開は変わっていない。しかし、胡錦濤国家主席は２００８年12月「胡６点」と名付けた台湾政策の基本方針を明らかにした。

６つの原則のうち「平和発展」がそのポイントで、武力統一でも、平和統一でもなく、現状を平和発展の時期と規定した。一つの中国の原則は不変であるが、今は平和統一に至る中長期的な平和発展の段階とする戦略である。

もちろん、２０１０年はじめの台湾へのアメリカの武器売却のような米中対立の事態、自立指向を強めた陳水扁政権下で見られたような対台湾関係の冷却化はあるだろう。これが決定的対立に至る恐れは、中国側が当面する国内外の大状況から見る限り見えてこない。

米国防総省は毎年「中国軍事力報告」を公表、台湾海峡問題に一章を当てている。２００９年の報告でも、中国軍には本格的に台湾侵攻、全島を長期にわたり占領保持する軍事能力もないし、中国は政治、経済的に見た国際、国内環境からいっても、侵攻する意図を持っていないと次のように分析している。

「両岸関係の平和的発展に寄与することは、いかなることでも熱意を持って推進すべきである。両岸関係の平和的発展に有害なことは、いかなることでも断固として反対すべきである」——胡６点を発表した際の胡錦濤発言を、その章の冒頭に掲げた。

中国の意図は、台湾が独立国を目指す動きを阻止する一点にある。そのための力として、政治、経済、文化、法制度、外交、威圧的軍事手段を複合的に使っている。台湾対岸への軍事力の配備は政治的意思表示のためで、絶対止めないが、それ以上のものでもないと結論付けている。

純軍事的視点からは、通常訓練だけで台湾が保持する南シナ海の東沙諸島、南沙諸島を占領できるが、大きな国際的な反響を招く。大規模な着上陸侵攻は複雑で困難な軍事作戦である。制空、制海権の確保、上陸地点への兵力増強、継続的補給の確保が、作戦成功のカギを握る。台湾侵攻はこのような実戦経験のない中国軍に重荷になるだけでなく、国際的な介入を呼ぶ。台湾への着上陸侵攻は大きな政治的、軍事的危険を招く。

報告では間接的言及にとどめているが、台湾の軍事専門家はこの報告から、アメリカは人民解放軍が、台湾侵攻の訓練もしていないし、その能力も持っていないと判断していると見ている。

「軍事力報告」は台湾側が超えてはならないと中国が見なす「レッドライン」として、次の６点を挙げている。逆に言えば、そのような事態が起こらない限り台湾有事はあり得ないことになる。

①台湾独立の公式宣言②明示的ではないが台湾独立への動き③台湾の内部騒乱④台湾の核所有⑤統一対話開始の無期延期⑥台湾内政への外部関与⑦外国軍隊の台湾駐留

日本の安全保障上、最も懸念されるのは、日本周辺での有事で、それが国民の生命、財産に波及する事態である。今まで挙げた情勢分析から見れば、予見される朝鮮半島、台湾海峡という「発火点」においても、有事の発生自体が限りなくゼロに近い。従って米中の全面的な軍事衝突はさらに考えにくい。

もちろん、北朝鮮では権力継承時に予想される混乱、尖閣諸島で時に起こる中国人の強行侵入のような偶発事件が、軍事的衝突に発展する可能性が全くないとは言い切れない。しかし、その衝突が制御不能な大規模武力行使につながる可能性は、これまた限りなくゼロに近いと言える。

七　世界戦略で日本をどう使う

アメリカは21世紀も世界最強の国家として、世界でのリーダーシップを持ち続けることを使命と考え、またそこに国家の存亡をかけている。「共通の価値の反映」を拠りどころに、アメリカはその世界戦略へ日本の取り込みを狙う。

これから後は、アメリカが日本を世界戦略にどう組み込もうとしているのか。そして、日本は21世紀の世界で、どう自らの道を定め、どこへ進めばよいのか―そこを考える手掛かりをお示ししたい。

日本とグアムを永久基地に

在日米軍の〝再編〟でのアメリカの狙いは2006年5月の「共同発表」から読み取れる。日米同盟が「グローバルな課題に対応」するのに「極めて重要となってきている」「同盟関係は地域、世界の安全保障環境」の「将来の課題に対応するため、より深く、より幅広く、発展していく必要がある」―いわゆる日米同盟の深化である。イラク、アフガニスタンの再建と民主主義の強化、より広い中東での改革努力の支援での、日米の努力の重要性も書き込まれた。日米の外務、防衛担当相がこれに留意したと記された。

文言からだけならば、異論を挟むことはないかもしれない。しかし、これが具体的な在日米軍再編と、それに伴う自衛隊の米軍との一体運用を取り決めた合意の前文にあれば、全く別の意味を持ってくる。

日米安全保障条約は、日米同盟の深化の名で変質し、拡大した。これによって、アジアを越えた中東の紛争地帯へ自衛隊派遣を要請できる拠りどころがつくられ、すでにそれに向けて動き出した。再編取り決めでの自衛隊の統合運用は、それが前提となっているのは明らかだ。

再編の具体的対象と、実施工程を決めたロードマップに何がたくまれているか――

計画の骨子は次の通りである。

①普天間飛行場の辺野古に新設する代替施設への移転②沖縄駐留海兵隊の一部グアム移転とそれに伴う一部経費（60・9億ドル）の日本側負担③これに伴う嘉手納飛行場以南の米軍使用地の返還④キャンプ座間の米陸軍司令部の改編、陸上自衛隊中央即応集団司令部の座間移転⑤第5空軍司令部がある横田飛行場への航空自衛隊航空総隊司令部の移転⑥厚木飛行場の第5空母航空団の岩国飛行場への移転――。

この中で注目すべきは、①―③の在沖縄基地再編とこれに伴うグアム基地拡充計画と、④の座間関連の再編計画である。

④の陸自中央即応集団司令部の座間移転には、海上、航空自衛隊に比べ米軍との統合に遅れがあった陸上自衛隊で、その実戦中核部隊を緊急展開部隊として、米軍と一体的に運用する狙いが込められている。

中央即応集団は、即応連隊を中核に空挺団、ヘリコプター団、特殊部隊などで構成され、首都圏と宇都宮に駐屯する。国際平和協力、緊急援助活動、国内災害派遣などが主任務とされているが、米軍から見れば、緊急展開に最適の部隊である。

キャンプ座間の米陸軍司令部改編は、太平洋軍の主力陸軍部隊、第1軍団の司令部が米ワシントン州から移転するのが中心と伝えられた。中核軍団司令部の前方配置である。陸上自衛隊との運用統合の強化が現実となる。

再編の最大の狙いは、グアムを世界で最も重要度の高い西太平洋の「戦略展開拠点」にする計画との組み合わせにある。「国防計画見直し」には、「日本に対し米軍の長期日本駐留を確実にし、米国の最西端の領土グアムを地域の安全保障活動のハブにする協定の履行を求めた」と書かれ、普天間移転を含む再編合意の完全実施が要求された。

アメリカの世界戦略構想は、自国領土のグアムのハブ基地化と、沖縄、横須賀を中心とする日本基地群の永久確保による西太平洋の戦略拠点の重層化にある。主として東南アジア―インド洋―中東への戦力投入拠点となるグアム、中国、北朝鮮に明示的な抑止力となる沖縄、横須賀。二つの基地群が相互の目的を補完することで戦略が完結する。

米軍再編取り決めでグアムに移駐するのは、在日米軍唯一の実戦部隊、第3海兵遠征軍（3ＭＥＦ）の主力である。海兵隊は自立した戦闘機能が特徴で、地上戦闘部隊と支援・輸送航空部隊、兵站部隊で構成される。海兵隊には3つの「海兵遠征軍」があり、3MEFは唯一、米本土外に展開している海兵遠征軍である。

今まで明らかになった情報を総合すると、3MEFは二分され、主力はグアムに移駐する。司令部部隊、第3海兵師団第4連隊と、3MEF翼下の在沖縄第1海兵航空団、兵站支援群の相当部分がグアムに移駐する。沖縄に残留するのは、2100人規模の第31海外遠征部隊（31MEU）が中心で、これを支援する航空、兵站部隊を含め旅団規模に縮小される。辺野古に新設を要求しているのは、この部隊の輸送機、ヘリコプターの発着基地だ。

この再配置で3MEFはグアムに司令部を置き、主力が駐留するグアムと、沖縄、ハワイ(第3海兵師団第3海兵連隊)の3拠点に展開することになる。

日本負担は全世界駐留費の4分の1

同時にもう一つのアメリカにとっての魅力は、日本の資金負担である。在沖縄海兵隊のグアム移転に伴う経費102・7億ドルのうち、施設、インフラ整備費として60・9億ドル（約5500億円）の負担が再編計画で合意され、協定化で不動のものとなった。これは総経費の6割に当たる。

米軍の拠点化に伴うグアムの人口増は、2009年に比べ、14年までに沖縄海兵隊の移駐計画だけでも1万人、他の軍関係者の増加を加えると、1万4000人を超す。住民が17万人の島にとって大変な負担だ。電気、上下水道の整備がなくては到底受け入れ不可能で、国防総省もこれを最優先で進めないと、移転計画そのものに支障を来たすとする。

グアム移転経費負担は、アメリカが在日米軍基地を重視する軍事戦略的な側面と並ぶもう一つの理由を象徴する。米国防総省が2003年データに基づいて発表した「同盟国の防衛寄与度比較」によると、「思いやり予算」の名で負担した日本の米軍駐留経費は、実額、負担比率とも他の駐留国に比べ突出している。44億5000万ドル（約4027億円）と駐留経費の74・5％、4分の3を負担した。アメリカは世界に展開する米軍駐留費の約半分を駐留先の国に負担させている。日本はその52・5％を分担していることになる。

アメリカは東アジア地域だけでなくグローバルな舞台で中

国がアメリカに対する挑戦者であることを世界戦略の根底に置いている。中国にとって至上命題の経済成長には資源確保が不可欠である。中国は中東、アフリカに勢力圏を拡大しているのはこのためで、東、南シナ海、インド洋をつなぐシーレインは、中国のライフラインである。中国が海軍力の外洋海軍化を進める目的はこのシーレインの安定確保にある。

アメリカは、北東アジア、東南アジア、南アジアから中東、地中海沿岸アフリカまで広がる地域を「不安定の弧」と呼ぶ。アフガン、イラクの二つの戦場だけでなく、紛争が発生する恐れの強い地域を指す。インド洋はこれらの地域を結ぶ海であり、中国の進出に備えねばならない海である。

沖縄は太平洋戦争末期の占領以来、思うままに築き上げた一朝ではつくれない軍事資産であり、絶対に手放せない。残留する第31海外遠征部隊（31ＭＥＵ）に現実の出番がありそうもないことは、今まで見たアメリカ側の資料とその分析だけでも明らかだ。沖縄海兵隊は「そこにいることに意味がある」いわば立ち入り禁止の赤ロープのようなもの、またげば入れるが、張ってあることで、入らせない—明示的な抑止力である。辺野古に新たな展開拠点が再編で手に入れば、グアムと並んでも申し分のない重層体制が出来る。

グアムの持つ意味はさらに大きい。中国海軍の西太平洋進出への備えも兼ね、アメリカが現在最重視する中東情勢への今後の対応と、インド洋のシーレイン確保を目指した布石である。グアムの地理的条件はこの地域へのアクセスとして、最適である。第3海兵遠征軍主力の移駐はこれを物語っている。

「太平洋地域の広大さと、そこに米軍拠点が少ないことから見て前進配備と展開は必要である。アジア太平洋の同盟国、パートナー国と相互の安全保障関係を強め、地域の平和と安定を確保する。同時に同盟国、パートナー国によるグローバルな安全保障に対する寄与の増進を図る」—「国防政策見直し」のこの記述が、アメリカの戦略の全てを語っている。同時に裏を返せば、この戦略上の日本の位置付けが、対米交渉カードとして使える重みをはっきり示している。

八　平和主義に高い評価

日米関係をここまで従属的にした責任は多分に日本にある。自らの世界戦略をあえて考えてこなかったからだ。国家、国民の安全保障をアメリカに委ねてきたために、日本人一人ひとりがそれを当たり前のことと受け取り、考えなくなっている。われわれ自身の問題でもあるのだ。

世界戦略を立てる上で、日本が世界から、またその国からどう見られているかは、取り組み方を決めるのに重要な材料だ。興味深い英ＢＢＣの世界世論調査がある。「世界に良い影響を与えているか、悪い影響を与えているか」と質問して、対象国の印象を聞く好感度調査である。２００８年４月発表の調査を見よう。

調査国は世界の各大陸を網羅する34か国で、世界13か国とＥＵが質問の対象とされた。調査は２００７年10月から08年1月にかけて行われ、回答者は１７４５７人。各国約５００人づつ、中国、ブラジル、インドネシア、フィリピンなど16カ国では大都市居住者に回答者が限られた。

この調査で見ると日本は全世界平均で見ても、各国別でもともに最も高い評価を受けた。アメリカが世界平均でも、国別でも押しなべてマイナスに評価されたのと際立った対比を見せた。

日本は全世界平均で、56％が「良い影響」と評価し、ドイツと並んで世界でトップだった。「悪い影響」では一番少ない19％のドイツに次ぐ21％で、ＥＵと並んだ。各国別に見ても「悪い影響」との答えが、20％以下にとどまった国が23か国。30％を超えたのは3国だけで、中国（55％）韓国（52％）の突出が目立った。

この傾向は２００７年の27か国調査（06年11月―07年1月）でも同じで、世界平均で日本はカナダと並んで好感度トップの54％（ドイツは対象国になかった）だった。

これに対し世界平均の評価では、アメリカは２００８年調査で「悪い影響」47％、「良い影響」35％。07年調査では「悪い」51％。「良い」30％。08年の国別調査で「悪い影響」が20％以下だったのは、ケニアとフィリピンの2か国のみ。30％以上が22か国、うち13か国では50％以上が「悪い影響」と答えた。

調査に当たった国際調査機関、米メリーランド大学国際政治意識計画のスチーブン・カール所長は「ソフトパワーで世界と関わっている国が良い印象を持たれている」と日本などが良い影響と評価された理由を挙げている。これに対し「軍事力を行使したり、それに頼っていると見られた国が悪い印ドノバン国務次官補代理は10年3月17日の米下院外交委員会アジア・太平洋小委員会の公聴会で「アメリカは国際社会の一員として、日本の自衛隊による（インド洋給油支援に代わる）この非常に重要な地域での寄与を期待する」と冒頭発言の文書で明言した。明らかな自衛隊アフガン派遣要請である。

イスラーム社会で日本とアメリカの受け入れられ方は全く正反対である。BBC世界世論調査で日本はイスラーム諸国で好感を持たれ、印象の悪いアメリカとの違いが際立っている。08年調査にはない国があるので、06年調査（05年10月～06年1月）で見ると―

日本＝「良い影響」紛争当事国では、イラク54％、アフガニスタン65％。地域に影響力のある国では、イラン57％、サウジアラビア、トルコ42％。

アメリカ＝「悪い影響」紛争当事国では、イラク56％、アフガニスタン14％、地域に影響力のある国では、イラン65％、トルコ49％、サウジアラビア38％。

アメリカについては、サウジで「悪い」と「良い」が38％で並んだのと、アフガンで好感度が72％に達したのが目立つ。それ以外の国ではアメリカは圧倒的に嫌われている。ア

象を持たれたようだ」と指摘した。

この調査はたかが一握りの人の調査だが、されど意味のある世界規模の調査である。アメリカでオバマ大統領を選んだ選挙でのインターネットの影響力、言論統制が厳しい中国でも、政府はネットで広がる世論の動向を無視できなくなっている。国民国家の枠の中に意識と行動が閉じ込められ、それが国家間の対立、戦争に組織されていった20世紀と全く違う世界が広がり始めている。人々の間に広がる雰囲気が、それに止まらないで、具体的にグローバルな政治的影響力を持つようになってきている。それを読み取る世界世論調査と受け取りたい。

日本は平和憲法を現実離れの理想論といわれ、自衛隊の存在に憲法と現実との乖離を指摘されながら、戦後不戦平和の日々を刻んできた。その半世紀を越えて積み上げてきた事実を、世界の普通の人々が広く認めた結果と見ることが出来る。これは得がたい日本の戦略的資産である。

この世界世論調査を手掛かりに、アメリカが最重視する大中東地域に関わる日本の戦略を考えてみる。

フガンでの調査は大都市部だけで、米軍とタリバンとの戦闘が激化、一般市民の犠牲者が急増する前の調査である。

これに対し、日本の評価は高い。キリスト教世界とイスラーム世界の有史以来の関わり、近現代の欧米による植民地支配が残す傷跡は深い。イスラエルの建国とアメリカの一貫した支持も大きな影を落とす。これに比べ、日本とイスラーム世界との間にある〝手の汚れていない〟歴史の重みは大きい。近現代を通して独立を続けたトルコは明治以来の親日国である。

日本のソフトパワーを組み立てた安全保障の世界戦略を試せるのが中東地域である。そこにアメリカが出来ない日本の貢献分野がある。これが本当の日米同盟の在り方である。まず軍事的貢献を念頭に置くことは厳に避けねばならない。自衛隊アフガン派遣要請は、鳩山政権だけの問題ではない。アフガン問題との関わり、日米同盟の在り方について国民的議論を起こす好機である。

九　ソフトパワーで世界へ

アメリカはイラクでは、一応戦闘部隊の撤収にメドを付けたかに見えるが、その一方でイランの核開発疑惑をめぐり緊張が絶えない。

オバマがテロとの戦いの主戦場と位置づけたアフガニスタンでは、情勢はますます深刻化している。アメリカが描く戦いの構図は、アルカイダをかくまうタリバンの排除である。ところが、「2025年の世界」では、アルカイダは影響力を失って自滅すると予見している。ではなぜ、タリバンを排除するのか。歴史的、地勢的条件、部族社会が色濃く残る社会的条件、他者の支配を嫌う民族性、いずれをとっても、軍事力で〝アメリカの理想〟をねじ込める国ではない。

アメリカが軍事的に完全にタリバンに勝利する見通しは立たない。早晩何らかの形の停戦、交渉、和解の取り組みが始まらざるを得ないだろう。アフガンに影響力を持つ周辺イスラーム諸国を加えた、停戦保障の下でのアフガン社会の再生、そこに日本の出番がある。アフガン50億ドル援助はそこに使われるべきである。

ＮＧＯペシャワール会の中村哲医師は２０１０年2月に26キロのかんがい用水路を完成させた。場所はアフガン北東部、治安は最悪、信頼した弟子の農業指導者伊藤和也が拉致殺害される。それにもめげず、ただ一人現地に留まり、日本人のカンパだけを支えに、地元民の信頼を信じて、彼ら６００人と共に自ら土木機械を操ってつくり上げた。ハンセン病治療―病院設立による医療―衛生確保のためきれいな水を―導水路の建設による砂漠の農地化で生活基盤を。現地に入って27年の成せる業である。行き着いた「緑の大地計画」は、アフガン支援で示唆するものが大きい。中村はアメリカとも日本政府とも関わりがないことを地元民が信じ、彼を守ったから成功した。「アフガンは谷が一つ違えば、別の国。日本のインド洋給油活動を彼らが知らなかったから良かったんですよ」と中村は笑う。

これは小さな成功例というかもしれないが、アメリカ人には絶対出来なかったことである。アメリカの要請にこたえた〝軍事的貢献〟であえて手を汚すのは、失うものが大き過ぎる。

08年世界世論調査でみると、宿年の中東係争地パレスチナに関わる国での日米の評価の違いも際立っている。日本＝「良い影響」レバノン66％、アラブ首長国連邦60％、トルコ56％、エジプト45％。アメリカ＝「悪い影響」レバノン67％、アラブ首長国連邦42％、トルコ73％、エジプト73％。

対立の一方の当事国イスラエルで、これを支援するアメリカの評価が68％と高いのは当然だが、日本は75％とアメリカを上回る評価を得た。この紛争当事者双方の日本に対する評価は、調停能力に転化できる可能性を持つ。

パレスチナ東部ヨルダン国境沿いのヨルダン渓谷で、日本が、パレスチナ、イスラエル、ヨルダンの協力を得て07年にスタートさせたヨルダン渓谷開発「平和と繁栄の回廊」構想がある。イスラエル、パレスチナ2国家建設が、この両者間の積年の対立・衝突解決のカギである。日本の財政的、人的支援で、農業用水管理による農業開発、農産物加工団地建設と物流インフラの整備をする。パレスチナ国家を支える経済基盤をつくるのが日本の構想だ。

根底となる両者間の和解自体が進展しないため、進んでいないが、紛争当事者の双方から評価される立場を利用できる援助である。イスラーム諸国から決定的にイスラエル寄りとされ、また現実にイスラエルロビーから強い影響を受けるアメリカでは取り組めない、日本の力が発揮できる場の一つといえる。

日本の国際協力機構（ＪＩＣＡ）が取り組んできた青年海外協力隊は、地元の目線に立った経験を積んだ青年ボランティアの援助専門家を育てた。１９６５年の発足以来、半世紀余り、85か国に延べ約３３０００人を送っている。その人的貢献の蓄積は誇れるものだ。政府開発援助（ＯＤＡ）は、財政難から世界トップの座は総額で２０００年にアメリカに譲り、08年は2位、１７４億ドル。その運用の仕方で多くの論議を呼び、08年にＪＩＣＡに一本化されて再出発した。発展途上国１４５か国に対する資金援助・技術協力から学んだノウハウは大きい。

大中東地域だけではない、アフリカ、太平洋の島々の国が、飢え、病、温暖化の脅威にさらされている。守るべき人間の安全保障で日本の関われる分野は多い。

日本の戦略は、その地域との歴史的、文化的つながりも含めた包括的関係を元に、アメリカに出来なくて、日本に出来ることをする役割分担である。アメリカが求める日本の応分の寄与とは、アメリカが言うがままの寄与でなく、日本独自の戦略に立った寄与であるべきだ。アメリカとアクセスの道は違っても、結果で一致する協力、アメリカの耳には痛くても、目的達成のためには直言する——これが対等の日米関係であり、同盟の深化である。

十　9条国民投票で戦争の総括を

われわれが生きる地域、アジア太平洋との共生の道で考えるべきは、最も地理的に近く、歴史的に長い付き合いのある朝鮮半島と、中国との関わりである。

ＢＢＣ世界世論調査によると、中国と韓国は、日本に対して世界の人々の多くが与えた好意的な見方と、全く正反対の反応を示している。２００８年調査で中国では55％、韓国では52％が「悪い影響を与えている」だった。一方、２００６—07年の変化をみると、中国で71→63％、韓国では54→58％という変化となっている。中国の大幅な改善と韓国のほぼ一定という結果は考えるに値する。

日本の中国と朝鮮半島との関わりは、欧米社会とイスラーム社会のそれに似た有史以来である。この長い歴史の上に、近代国家日本による朝鮮半島の植民地支配と、日清戦争以来の戦いの歴史が載り、さらに先の大戦の記憶が加わった。この数字がそれを踏まえた反応を示しているのは疑う余地はない。

日中戦争から太平洋戦争に至る日本の戦いは、二つのはっきり性格の違う戦争に分けてとらえるべきである。中国との戦いは、日本の一方的な中国への侵入と支配の「侵略戦争」である。アメリカ、イギリスとの戦いは帝国主義諸国間の世界の支配を賭けた「覇権戦争」である。覇権戦争は相手国の全てを破壊して屈服させる総力戦である。それが東京大空襲、広島、長崎を生んだ。双方に責められるべき非がある。侵略戦争は正義の自衛戦争とは言えない、完全に日本に非がある。この二つの混同が戦争の責任をあいまいにした。戦争の総括を時の流れに任せた結果が、この世論調査の数字である。

「なぜ、戦争も、植民地支配も終わって半世紀以上も過ぎているのに」と言う日本人もいる。その答えは戦争の総括を怠ってきたことにある。日本人だけで300万人を超す犠牲者を出しながら、その検証をなおざりにした。戦後50年に際して出された村山談話がある。これにすら国内で異論が出され、日本人の総意と受け止められていない。

日中、日韓の専門家による共同歴史研究は、戦争の記憶が薄れてゆく中、地道ではあるが極めて有意義な取り組みである。共に政府間合意に基づいて2006年に始まった。10年1月報告書がまとまった日中の専門家による日中共同歴史研究、同年3月に第2期報告がまとまった日韓共同研究。それぞれの成果は、総括の基礎として貴重である。だが、これをもって戦争の総括の全てとすることは出来ない。

日本人一人ひとりの声を集めた日本人の総括として示せるのは国民投票である。憲法改正とは趣旨も手続きも分けた、憲法9条を再確認する国民投票である。目的は平和憲法の精神を凝縮した9条の理想への賛否を問うことにある。

九条には日本国民の戦争に対する反省と不戦の誓いが込められている。この投票へ至る道筋で、国民一人ひとりが過去の戦争を学び、なぜこの9条を日本人が受け入れ、育てて来たかを、知り、かつ論議する機会となる。特に戦争を全く知らない世代がほとんどを占める現在だけに、戦争をもう一度見直す意義は大きい。それ以上に、9条再確認は、21世紀の日本の基盤をつくることになる。

　実現には国民投票法の改正が前提となり、提案の方式をはじめ、検討すべき問題は多々あろうが、これに勝る戦争の総括はない。憲法改正は、この結果を踏まえた上で論ずる二段階方式を採ればよい。オーストラリアでは、立憲君主制から共和制に憲法を改正するか否かで、この方式が提起されている。

　国民世論の動向の参考例として、9条の各項への質問も設けた、2007年3月の読売新聞の世論調査結果を引用しておく。

9条について
改正する　36%
解釈運用で対応する　36%
厳密に守り、解釈や運用では対応しない　20%
9条1項（戦争放棄）
　改正が必要　14%
　改正は不要　80%
9条2項（戦力不保持）
　改正が必要　38%
　改正は不要　54%

　この総括があって初めて、隣国、中国、韓国、北朝鮮と、東アジアの平和と安定ついて対等の基盤に立った話し合いが出来る。

十一　重層的安全保障をアジアに

　次に日本のアジア戦略で最も重視しなければならない、中国との関係を取り上げ、それを基にアジア太平洋地域全体の広い意味での安全保障環境と日本の関わりを見たい。

　植木千可子教授（早稲田大学大学院アジア太平洋研究科）は「世界の構造変化と米日中関係」（国際問題2009年11月）の中で次のように3国関係を分析している。

　1980年代、日本の対中政策は①日米同盟による抑止②経済相互依存③安全保障上の依存関係—で成り立っていた。米ソ2極の冷戦下、中国は米国の半同盟国となることでソ連の脅威に対抗した。日米の同盟も日本にとってソ連が脅威であるため不可欠、よって3国関係が安定していた。

冷戦後、米国の単極体制になり、米中、日米関係は悪化した。日、中が単極の地位を将来脅かす国と見られたからである。日中関係も共通の脅威、ソ連を失って悪化し、両国はもっぱら対米関係の再構築に腐心した。

現在、米国が国内総生産（GDP）比較でも、軍事力でも圧倒的優位を保っているが、終焉を迎えたと見られるのは、①経済危機と2つの戦争の戦費負担をはじめとする財政危機②治安の悪化、社会不安など軍事力では対応の難しい非対称との戦い③中国などの軍事力増強による圧倒的軍事優位の揺らぎ—があるためだ。

日米同盟による抑止は、本格的侵攻では有効だが、米国が国益に直接関わりのない離島紛争への介入に消極的とみられれば、侵攻を誘発するおそれはある。

今後の対応としては①拡大する日米の対中貿易をはじめ、経済関係の深化による中国への協調的行動の働きかけ②国家、国民的信頼関係の醸成を基にした、危機管理体制の強化、海賊対策、自然災害救援など安全保障相互依存関係の制度化③米国との二国間同盟関係、東南アジア諸国連合（ASEAN）、ASEAN地域フォーラムなど地域機構の組み合わせを通じた、中国への協調的、建設的行動の促し。

日中の経済相互依存関係と、庶民レベルでの人的交流が年々深まっている。2007年の貿易総額で日中貿易が日米を抜き、2009年の速報値では、対中貿易は輸出入合計で21兆6715億円と対米貿易の1・5倍を超え、日本の全世界貿易の20・5％を占めた。2008年に来日した中国人観光客は100万人に達した。いずれも日中関係の深化を示す象徴的数字である。

BBC世界世論調査でも、中国の対日好感度は絶対値では世界平均とまだ大きな隔たりはあるが、対日好感度が2006年の16％から08年の30％と急速に改善されてきている。アニメ、漫画、ファッションなどポップカルチャー領域での両国間の流れもこれに大きく貢献していると見てよかろう。

中国共産党機関紙人民日報が発行する「環球時報」は、北京・上海・広州・武漢・重慶の5大都市での対外好感度調査（2009年12月11日—23日）を伝えた。これによると、15—20歳では日本を「一番好きな国」と答えた人が最も多く、12・3％に達した。他の世代がいずれも5％を切ったのと大きな違いを見せた。フランス、アメリカが共に11・8％、韓国

10・9%で、若者の意識の国際化の一端とも受け取れる。「東アジア共同体の構築を目指して」と題したシンポジウム（日本国際問題研究所主催2010年3月）があった。この席で中国から参加した王逸舟教授（北京大学国際関係学院副院長）は、「東アジア共同体への展望では、EUの中核となったドイツ、フランスの戦争と対立から和解、協力へ進んだ歴史に学ぶべき」との趣旨の発言をした。日中を独仏になぞらえるのは、形の上では出来るが、実態としては別、同じように見ることは出来ないとされてきた。中国知識人の考え方に変化が始まっている証でもある。

ネットを通じて大衆の意識の共有が急速に広まり、権力の側もこれに規制される時代が来た。国民的レベルでお互いが知り合うことが、2つの国を戦えなくする基盤となる。

日中政府間レベルでは「戦略的互恵関係の包括的推進」の原則に基づいた、両国首脳の往復外交の定例化がすでに実行に移されている。中国の持続的経済成長に欠かせない、公害対策、地球温暖化対策など経済分野での協力、自衛隊と人民解放軍の人的交流など—政治、経済、軍事構造で二国間関係は深化してきている。

政府間レベルと民間レベルの交流、この双方にまたがる経済の相互依存関係は、意識としての戦いの抑止と、戦うことによって失うものが大きい、コストとしての抑止を生んでいる。

アジア太平洋地域のヨーロッパ地域との違いは、欧州連合のような包括的地域組織をつくりにくい、歴史的、文化的基盤の相違と、異なる政治制度、経済的落差が存在することだ。

しかし、この地域の特徴は、これに代わる多面的、多角的な地域組織が数多くあることだ。東南アジア諸国連合（ASEAN）は、この地域的困難さを何とか克服してきた成功例だ。アジア太平洋経済協力会議（APEC）も、アメリカを含めた南北米大陸の太平洋岸諸国、ロシアを含め加盟21か国・地域の組織で、経済統合の素地になる。安全保障面では、ΛESAN地域フォーラムがある。この組織は南アジア諸国、アメリカ、ロシアなど地域26か国にEUを加えた、すぐれて安保問題を話すこの地域唯一の集まりだ。

2国間、3国間組織としては、日、米、中、印、韓、豪の域内主要国を構成要素とする複数の定期会議がある。10か国でつくられる東アジア・サミットは、加盟を切望するアメリカが入れば、地域統合組織へ向けた話し合いの母体となり得る。

このような複合的、重層的な地域組織の組み合わせを、戦略的目的意識を持って活用すれば、危機管理だけでなく、地域共同体への道づくりに大きく役立つ。北朝鮮の核問題に現在は特化しているが、6か国協議は最も難しい北東アジアの安全保障機構になる萌芽を持っている。

日本の利点を言えば、北東アジアを除いて東南アジア、太平洋地域諸国との友好関係が定着していることだ。戦後しばらくの間対日感情が極めて厳しかった、フィリピン、オーストラリアとの関係改善は目覚しい。東京裁判で天皇訴追を最も強く主張したオーストラリアと、2007年に日豪安保共同宣言に署名するまで両国関係が深まったのが、それを例示する。筆者が1959年ボーイスカウト世界大会を取材したフィリピンで、ビザ発給の条件が「私服で歩いたら生命の安全を保障できない」だったのを思うと隔世の感がある。

BBC世界世論調査での高い好感度が、国民的レベルでの友好関係の定着を裏付けている。インドネシア74%、フィリピン70%、オーストラリア70%が2008年の数字だった。これらの国とは経済関係の深まりが親近感の醸成に大きな役割を果たした。

アメリカは少なくとも世紀の前半は、アジア太平洋地域のみならず全世界で、絶対的とも言える強大な軍事力に裏付けられた安全保障での実力を維持するだろう。経済的にも金融市場支配、世界貿易での比重、市場から見ても、世界的に大きな影響力を持っている。

植木分析が指摘するように、特にアジア太平洋地域で、台頭する中国とのバランス役として欠かすことはできない。日本が自らの安全保障を考えるときに、その力をどこで、どの程度借りるか、その主体的判断こそ重要なのである。

最後に、自らに警鐘を鳴らす意味で、冒頭で取り上げた「2025年の世界動向」が「日本　米中の狭間に」と題して占った、衰退する中級国家日本の行く末を紹介しておこう。

日本は中の上の地位を維持しているが、2025年までに内外政策の大きな再編に直面する。国内的には日本の政治、社会、経済システムは、人口減少、産業基盤の老朽化、今よりも不安定な政治情勢に対応するため再構築される可能性が高い。

人口減少のため、政府は外国人労働者に長期ビザを発行するなど、新たな移民政策の検討を迫られるだろう。しかし、日本人の移民帰化に前向きでない気持ちの克服は、容易ではない。人口の高齢化は、増大する要介護者向けの医療、住宅制度の整備を促すだろう。労働人口の縮小で、日本の社会サービスと税収は圧迫を受け、増税と、国内部門は消費財の価格引き下げ競争にさらされる。

輸出産業はハイテク製品、高付加価値製品、情報技術に重点を置いた再編を続けると予想される。農業部門の縮小は続き、労働人口の2％まで下がり、食料輸入はそれにつれて増える。労働人口は純減するが、多数の失業者と十代後半と二十台の未熟練者層が生まれる。そのため、ホワイトカラー労働者が不足する可能性がある。

選挙での競争激化で2025年までに、日本の一党体制は多分完全に崩壊する。自由民主党は対立するいくつかの党に分裂するかもしれない。競い合う政党の離合集散が繰り返され、政治麻痺に陥る恐れが最も大きい。

アメリカは移民国家であり、先進国の中で唯一人口減少の恐れはないと、同じ報告は将来への自信を示している。この未来予測は、日本が直面する問題を言い当てている。これを解決し、世界に有意義な存在として貢献できる国であり続けられるか、否かはわれわれ自身の取り組みにかかっている。

アメリカと対等に話し合うには、この対日分析を自らの力で覆せねばならない。それが真の対米自立の基盤になる。もう一度、BBC世界世論調査を引用しよう。

調査対象国では、それぞれ自国についても問われている。日本では「良い影響を与えているか」の問いに「イエス」の答えは36％、調査国で最も低かった。中国は同じ問いへの「イエス」が90％だった。

21世紀の日本にもっと自信を持とう。

鈴木顕介（すずき　けんすけ）ジャーナリスト・日本記者クラブ会員。一九三一年生まれ。共同通信社入社、社会部、外信部、ニューヨーク、ワシントン支局、メキシコ、シドニー支局長、科学部長、編集局次長、秘書室長、社長室・アジア太平洋通信社機構事務局長、東洋女子短期大学教授、日本大学講師を歴任。共著に『英語圏における多文化社会に関しての学際的比較研究』、共編訳書に『多文化主義』などがある。

沖縄からの発信

民主党政権下の沖縄自治・自立・独立の声

高良　勉

一　普天間基地は県外・国外へ

　私は、普天間基地の閉鎖・返還と辺野古新基地建設反対の住民運動に参加して13年余になる。そして、20代から沖縄闘争に参加してから40年余になる。

　その普天間基地がど真ん中に存在する宜野湾市で1月15日に開催された「カマドゥー小たちの集い」にも参加した。「カマドゥー小」というのは、戦前までの沖縄で多くの女性たちに付けられていた名前である。元々は、台所の「カマド」にちなんだ名前だというが「愛しい」、「かわいい」、「働き者」、「一家の守護神」というイメージに変化していた。

　そのカマドゥー小たちの集いは、宜野湾市の女性たちを中心にした住民運動団体である。ときあたかも名護市長選挙の最中に行なわれた「とぉ、なまやさ！『基地は県外へ』」という15日の集会も、市内外の女性たちを中心に60人余が参加していた。「とぉ、なまやさ！」とは、「さあ、今だぞ！」というウチナーグチ（沖縄語）である。

　カマドゥー小たちは、「64年間、基地が集中する沖縄の状況が変わることはありませんでした。それはなぜかと考えたとき、私たちは、基地を押しつけている大多数の日本人の存在との関係に気づきました。そのため、それを変えていく第一歩として、『普天間基地は県外へ』と小さな声を上げ行動を始めたのです。『他者へ自分の嫌なものを押しつける』と非難されながらも思考し続け、押しつける側の無自覚に対し応答を求めて、『基地は県外へ』の声を上げ行動を続けています。」（呼びかけビラ）と訴えている。

　また、同会の又吉京子さん（59）は「本土の皆さんは支援者ではなく、当事者になってほしい。沖縄の人は優しさのあまり、県外移設の主張を控える人も多いが自己主張をしていいんだよという集会にしたい」（「琉球新報」1月9日）と語っている。さらに、上原美智子さんは「沖縄の基地問題の核心は何でしょうか。沖縄の人々から暴力で奪った土地であること、人口の99％を占める他府県の国民が1％の沖縄人に基地を押しつけていること、この2点です。」（「沖縄タイムス」1月5日）と述べている。同会の久場たつのさんは、琉球新報の「論壇」（1月8日）で「国民は当事者の認識を」と訴え、「具体的には、４０００《メートル》の滑走路がある関西国際空港に、嘉手納飛行場を引き取ってもらいたい。普天間飛行場は、神戸空港がいいと思います。」と主張している。

一方、同会の知念ウシさんは朝日新聞へのインタービュー「もう沖縄は待てない」（2月16日）で、「安保条約を支持する圧倒的多数は本土の人々。ならば安保が解消されるまで、基地負担は本土で背負うのがスジではないでしょうか」、「日本が民主主義の国なら、これ以上不平等を続けることは国際的にも恥ではないですか」とも述べている。

彼女たちは、「小さな声」と謙遜しているが、その主張は鋭くラジカルである。そして、大半の沖縄住民の内面に渦巻いている「ホンネ」を代弁している。見よ、ついに2月24日沖縄県議会（高嶺善伸議長）は与野党超党派で議員提案した「米軍普天間飛行場の早期閉鎖・返還と県内移設に反対し、国外・県外移設を求める意見書」を全議員の賛成による全会一致で可決した。

歴史は、大きく転換した。沖縄県内の自民党、公明党、国民新党も、今までの「県内移設容認」から「国外・県外移設」へ政策変更したのである。これで、沖縄県民の世論は一致統一された。あとは、ヤマト（本土）の日本人側の問題である。

民主党は、衆議院選のときに「少なくとも、国外・県外移設」を訴えてきた。そして沖縄県内では、「国外・県外移設」賛成の照屋寛徳、赤嶺政賢、瑞慶覧長敏、玉城デニー、下地幹郎の5人が全員当選したのである。もし、鳩山連立政権が「県内移設」を決めたら、沖縄は超党派で民主党政権に反対していくだろう。小沢幹事長が語るように「選挙にならない」（3月8日）のだ。

二　自治・自立・独立運動の前進

鳩山連立政権が、5月にどのような結論を出そうと、辺野古の海上基地建設は破産したと言えるだろう。辺野古の海上基地建設阻止闘争は勝利しつつある。

そして、もし再度「沖縄県内移設」を押しつけて来るなら、この間琉球弧の自治・自立・独立路線を訴えてきた私たちの主張の正しさはいよいよ明確になり、運動はますます前進する。琉球民族は、心底から「ヤマト（本土）のどの政党が政権を取っても、沖縄への差別政策や基地の押しつけは終わらない」と悟り始めている。そして、琉球民族の「自決権」の主張は、広く深く浸透していっている。

おまけに、鳩山連立政権政権は自公政権がウソをついてイ ンペイしてきた「核密約」、「沖縄密約」の存在を公開すると公約した。そして、外務省官僚権力の抵抗と妨害に遭いながらも、ついに3月9日外務省の有識者委員会は、①1960年1月の安保条約改定時の核持込みに関する密約、②安保条約改定時の朝鮮半島有事の際の戦闘作戦行動に関する密約、③沖縄返還時の原状回復補償費の肩代わりに関する密約の存在を認める報告書を提出した。しかし、遺憾ながら④72年の沖縄返還時の有事の際の核再持込みに関する密約は認めなかった。岡田外相は、この報告書を追認・公表した。

これらの「核密約」、「沖縄密約」の存在については既に西山太吉氏が『沖縄密約—「情報犯罪」と日米同盟』（岩波新書、07年）の「第2章　核持込みと基地の自由使用」、「第3章　財政負担の虚構」で整理し詳細にバクロしている。周知のように、西山氏は72年この密約をスクープし毎日新聞で記事にしたため、「国家公務員法違反容疑」で逮捕され、78年6月に最高裁から「有罪判決」を言い渡されている。一方、沖縄密約を交わした当時の佐藤栄作首相はノーベル平和賞を受賞した。

しかし、西山氏を支援する運動は「沖縄密約開示請求訴訟」という裁判闘争の形で現在も続けられている。そして、とうとう昨年12月1日の証人尋問で元外務省アメリカ局長の吉野文六（91）が「米との沖縄密約はあった」と証言した。また、12月23日の新聞報道によると、佐藤元首相の遺族が「沖縄への核持込み容認」の「沖縄密約・核密約文書」を保管していることが明らかになっている。歴代内閣が言い続けてきたウソが満天下にバレ・バレしたのだ。

今回、外務省官僚と「有識者委員会」の御用学者たちは、④72年の沖縄返還時の有事の際の核再持込みに関する密約を認めなかった。佐藤元首相の遺族が「沖縄への核持込み容認」の「沖縄密約・核密約文書」を保管していることを知りながらだ。これこそ、沖縄差別に他ならない。沖縄現地では、激しい怒りの声と、「現在でも核は持ち込まれているのではないか」という不安が広がっている。

沖縄住民は、沖縄密約によって72年返還時に米国へ売り渡されたことを知りつつある。「核ぬき本土並み返還」とか「日本国憲法の下への日本復帰」というのは真っ赤なウソで幻想でしか過ぎなかったのだ。

それは、また1947年9月20日の「天皇メッセージ」によって、昭和天皇が琉球諸島を米国に売り渡した事実を沖縄人に想起させる。例の、進藤栄一氏が79年4月『世界』誌上の「分割された領土」という論文によって初めてバクロした「天皇メッセージ」だ。この天皇の沖縄差別によって、沖縄人・琉球民族は72年まで戦後27年間米軍政府の植民地支配下に売り渡され筆舌に語り尽くせない程の苦難を強いられてきた。

だが、もはや沖縄住民はだまされないだろう。米国や日本政府・日本人の都合で差別され植民地支配されるにはガマンの限界を越えている。琉球民族の「自己決定権」への要求は、自治・自立・独立運動として拡大しつつある。

すでに、05年11月に琉球大学法文学部の林泉忠先生を中心とする研究チームが実施した「沖縄住民のアイデンティティー調査」によると4人に一人（約25％）が「沖縄独立を要望」していると報告されている。詳細は、「アソシエ　ニューズレター」06年1月「沖縄特集号」の拙文「島ぐるみ闘争と琉球独立運動」や、私たちが発刊している琉球自立・独立論争誌『うるまネシア』1号から10号を参照されたい。おそらく、現在「沖縄独立の要望」はさらに拡大しているはずだ。

三　二大政党政治を拒否する

昨年8月の衆院選で、沖縄では社民党の照屋寛徳（2区）と民主党の瑞慶覧長敏（4区）が事実上「反自公・全野党共闘」の候補者となりみごと当選した。私は、この二人を集中的に応援した。

沖縄の民主党には、私の友人や後輩が多い。民主党沖縄県連代表の喜納昌吉とは、1970年代の金武湾反CTS住民運動以来40年近い友人で、家族ぐるみの付き合いをしてきた。瑞慶覧長敏は、知念高校の後輩で隣村に住んでいる。瑞慶覧家とは、父・長芳が社会大衆党委員長で立法院議員だった時代から支持・交流してきた。

それでも私は、無党派で民主党には加入しないし、全面的には支持しない。あくまでも共闘の相手である。私は、何よりも小沢一郎幹事長の唱える日本政治の二大政党時代を拒否する。そのことは、05年に行われた第44回の衆院選に対し「二大政党制批判」を『けーし風』第48号に書いた。また、今回の「政権交代」後も「民主党・沖縄へ」を『けーし風』第64号（09年9月）に書いてくり返し指摘しておいた。

その核心点は、現在もぶれていない。第一に「戦前の二の舞をくり返してはならない」ということである。周知のように、戦前の日本では1928年から31年まで政友会と民政党の二大政党時代が続いていたが、全体主義になり「十五年戦争」を阻止できなかったのである。

また、私（たち）は「駐留軍用地特措法」改悪の時に忘れることのできない苦い経験をした。沖縄人は、72年返還から現在まで沖縄県のみにしか施行されてない差別法である「駐留軍用地特措法」によって、暴力的に私有地を「軍用地」として奪われている。この特措法は、日米地位協定と共に日米安保体制を支える重要な法律だ。1997年と99年に改悪された。

しかも、97年の改悪の時には、自民、新進、民主をはじめ衆参の国会議員の90％以上が賛成したのである。反対は、社民、新社会、共産などごく少数派であった。その年の4月11日に自民の野中広務委員長が、本会議での委員会報告の最後に、「この法律がこれから沖縄県民の上に軍靴で踏みにじるような、そんな結果にならないことを、そして、私たちのような古い苦しい時代を生きてきた人間は、再び国会の審議が、どうぞ大政翼賛会のような形にならないように若い皆さんにお願いをして、私の報告を終わります」（ウイキペディア）と付け加えた。

だが、自民と新進の二大政党が手を組んで、まさに「大政翼賛会」的になった国会は、9割以上の賛成で特措法を改悪したのだ。しかも、この野中の警告は後日、新進党の要求により会議録から削除されたという。何という無礼。

私は、特措法改悪に反対する沖縄陳情団の一員となって国会議員へ請願していたが、この「大政翼賛会」のような国会審議を見て、「ああ、日本の政党は自己利益を守るため琉球や朝鮮を差別・排外するときは、日本民族主義で団結するのだな」と思ったものだ。二大政党時代は、つくづく恐ろしいものだと感じたのである。

私が、民主党沖縄県連の友人たちに望む第二点は、「沖縄の歴史や文化に基づく独特の政治風土をヤマトの政党の系列化と党派闘争、派閥争いに支配されてはならない」ということである。そして、第三に沖縄県連はあくまでも琉球弧の自治・自立・独立を支持する立場から、時には東京の党本部と対立しても沖縄の独自性を発揮するよう努力してもらいたいと思っている。そのため第四に普天間基地を早急に閉鎖・返還し、辺野古新基地建設、高江基地建設を断念させ、沖縄に新基地は絶対に建設させないことだ。

幸い、民主党沖縄県連は普天間基地の県内移設を強行するなら、離党も辞さない決意を公言している。琉球人の未来は、琉球人自身で決めるのだ。

高良　勉（たから　べん）詩人・批評家。
一九四九年生まれ。文芸家協会会員。日本現代詩人会会員。詩集『岬』で第七回山口獏賞受賞。
著書に『ウチナーグチ（沖縄語）練習帳』（ＮＨＫ生活人新書）、『沖縄生活誌』（岩波新書）などがある。

米軍基地問題・植民地の意識はまだ消えず

安里英子

今年は、日本による韓国強制併合から一〇〇年にあたる。その節目にシンポジュウムなど様々な企画がなされているようだ。沖縄から見える韓国併合問題とは、明治政府、およびその後の日本が行ってきた植民地主義全体の問題でもある。

年代順に追ってみると、

一八六九年　アイヌ民族併合

一八七九年　琉球処分

一八九五年　台湾併合

一九一〇年　韓国併合

沖縄では、さらに逆上って昨年（二〇〇九年）は、薩摩による琉球侵略四〇〇年を問う年でもあった。日本による韓国の植民地化の問題は、沖縄も深くかかわっている。第2次大戦で犠牲になったのは、日本兵や沖縄人だけではない。朝鮮半島から強制連行された青年男女、すなわち「朝鮮人軍夫」と性奴隷にされた「従軍慰安婦」たちがいる。日本が韓国を植民地にしていなければありえなかったことだ。

私は今、「朝鮮人軍夫」の問題と深くかかわっており、いまだ実態のわかっていない「軍夫」問題の調査を今、はじめようとしているところである。

さて、このようなことを前置きにして、本題の沖縄の軍事基地問題について述べたいと思う。

沖縄県議会は、二月二十四日「米軍普天間飛行場閉鎖・返還と県内移設に反対し、国外・県外移設を求める意見書」を超党派による全会一致で可決し、首相、外相、防衛相、沖縄担当相、官房長官あてに要請した。

これまで、県議会が超党派で全会一致で可決したのは、一九九五年の少女暴行事件に抗議する「一〇・二一県民総決起大会」に関すること、一九九六年の「普天間飛行場の全面返還を促進し、基地機能強化につながる県内移設に反対する意見書・決議」などがある。

今回の、決議に関してもすんなりといったわけではない。与党では共産党が、あくまで「県外や国外」を前提にするのではなく、「即時無条件返還」を主張していた。一方、自民党の一部も決議に加わらない動きもあった。

実は県議会が可決をした前日、私の所属する「沖縄市民連絡会」でも県議会決議内容に対して討論会をもった。昨年、11月に開催された「県民総決起大会」では「県内移設」に反対するという内容だけを盛り込み、「県外」「国外」ということはいっていない。もともと無条件返還が原則であったからだ。そういう意味では、共産党の主張は正しいと思うし、私自身もそのように言い続けてきた。

ところが、「市民連絡会」では、それをめぐって大激論となった。政府が「県内」と言いはじめた以上、はっきりと「県外」、すなわち「安保」が必要というのなら基地を日本国内に平等に引き受けるべきだとする主張と、基地建設を前提とする「移設」論はすべきでない、という意見が正面から衝突した。

それでも、連絡会としては県内につくらせないという意味を込めて「県外」「国外」という言葉を使用することを了解し、これを県議会にも伝えた。

ところで、三月五日の新聞に、「辺野古現行計画を断念」するが、「津堅島沖合案を本格検討」するという記事が出た(『琉球新報』)。この案は、SACO合意の直後に出された案でもある。地元の反対運動で消えたはずのものである。それがまた浮上したのである。今のところ地元では「パフォーマンスではないか、地元がこのように軽々しくあつかわれるのはごめんだ」と、さめた表情だ。

さらに三月十四日の新聞では、「勝連沖合案」に、さらにおまけが付き膨らんできた。それは、民主党沖縄県連代表の喜納昌吉参議員が、平野文博官房長官に面談した際に明らかになったもので、米軍ホワイトビーチから沖合の津堅島の間を埋め立て、そこに航空自衛隊那覇基地や米軍那覇港湾施設を移転しようというものである。

それだけではない。沖縄の振興策として宮古にカジノ施設を設置する案も提示した。

喜納参議員は、平野官房長官の提案を、まっこうから否定した。当然のことである。県議会が超党派による全員一致で可決したことは何だったのか。今の政府の態度は沖縄県民を愚弄しているとしか思えない。

日本人の思考は明治以来変わっていない。植民地主義的な思考から抜けきれていない。革新政党とて同じだ。社民党までが、国内の各地に打診するふりをし、さらにかつての日本の植民地のマリアナ（サイパン）まで出掛けて、普天間を引き取ってくれとお願いをしている。

サイパン、テニアンといえば第一次大戦後、日本の委任統治領となり、太平洋戦争では激戦地となった。辞典には「ミクロネシアのマリアナ諸島南部にある島。住民の大半はチャモロとカロリン人。第2次大戦後はアメリカの信託統治領を経て、一九七八年から北マリアナ諸島としてアメリカの自治領」とある。

マリアナにはかつて沖縄から多くの移民を送り出している。いわゆる南洋諸島には一三万人の日本人が移民しているが、その六割が沖縄人だという。太平洋戦争では沖縄人の犠牲が一万二千人とも聞く。サイパンには沖縄人の犠牲者の遺骨が未だ残されており、沖縄の人々にとってサイパンの悲劇はまだ生生しく傷跡として残っている。

そのようなかつての日本の植民地に出かけていくことは、あまりにも無神経としか思えない。地元では「経済効果があれば、基地を受け入れたい」という声を新聞でとりあげているが、これこそ、植民地主義者たちが誘導する声ではないのか。日本政府はかつての植民地に対する謝罪をし、屈辱的な行為をすべきではない。危険な基地を再びおしつけようというのだろうか。日本政府があくまで沖縄県内への移設にこだわっているのは、沖縄がかつての植民地だったからに他ならない。その沿線上にこれまでの意識が乗り上げたままなのだ。

岡田外相は常に「抑止力」の必要性を強調している。その考え方を捨てない限り、軍事基地は存在しつづけることになる。「県内」であろうと「県外」であろうと基地があれば、ブーメランのように必ず、軍隊は回ってくるのだ。「県外」移設の言葉がひろがり、「すべての基地はいらない」「即時閉鎖」が言いにくい雰囲気も沖縄の中で出てきた。闘いの原点に戻り、移設論ではなく「基地の即時閉鎖」を求めるべきである。

安里英子（あさと　えいこ）那覇市首里生まれ。評論家、フリーランス・ライター。沖縄大学非常勤講師。沖縄恨（ハン）の碑の会代表。パレスチナと沖縄を結ぶ会代表。著書に『琉球孤の精神世界』（御茶の水書房）、『沖縄・共同体の夢』（榕樹書林）などがある。

資料篇

資料①

日本国とアメリカ合衆国との間の安全保障条約

（旧 日米安保条約）
1951（昭和26）年9月8日 サン - フランシスコで署名
1952（昭和27）年4月28日 条約第4号

日本国は、本日連合国との平和条約に署名した。日本国は武装を解除されているので、平和条約の効力発生の時において固有の自衛権を行使する有効な手段をもたない。

無責任な軍国主義がまだ世界から駆逐されていないので、前記の状態にある日本国には危険がある。よつて、日本国は、平和条約が日本国とアメリカ合衆国の間に効力を生ずるのと同時に効力を生ずべきアメリカ合衆国との安全保障条約を希望する。

平和条約は、日本国が主権国として集団的安全保障取極を締結する権利を有することを承認し、さらに、国際連合憲章は、すべての国が個別的及び集団的自衛の固有の権利を有することを承認している。

これらの権利の行使として、日本国は、その防衛のための暫定措置として、日本国に対する武力攻撃を阻止するため日本国内及びその附近にアメリカ合衆国がその軍隊を維持することを希望する。

アメリカ合衆国は、平和と安全のために、現在若干の自国軍隊を日本国内及びその附近に維持する意思がある。但し、アメリカ合衆国は、日本国が、攻撃的な脅威となり又は国際連合憲章の目的及び原則に従って平和と安全を増進すること以外に用いられうべき軍備をもつことを常に避けつつ、直接及び間接の侵略に対する自国の防衛のため漸増的に自ら責任を負うことを期待する。

よって両国は次の通り協定した。

第一条

平和条約及びこの条約の効力発生と同時に、アメリカ合衆国の陸軍、空軍及び海軍を日本国内及びその附近に配備する権利を、日本国は、許与し、アメリカ合衆国は、これを受諾する。この軍隊は、極東における国際の平和と安全の維持に寄与し、並びに、一又は二以上の外部の国による教唆又は干渉によつて引き起こされた日本国における大規模の内乱及び騒じょうを鎮圧するため日本国政府の明示の要請に応じて与えられる援助を含めて、外部からの武力攻撃に対する日本国の安全に寄与するために使用することができる。

第二条

第一条に掲げる権利が行使される間は、アメリカ合衆国の事前の同意なくして、基地、基地における若しくは基地に関する権利、権力若しくは権能、駐兵若しくは演習の権利又は陸軍、空軍若しくは海軍の通過の権利を第三国に許与しない。

第三条

アメリカ合衆国の軍隊の日本国内及びその附近における配備を規律する条件は、両政府間の行政協定で決定する。

第四条

この条約は、国際連合又はその他による日本区域における国際の平和と安全の維持のため充分な定をする国際連合の措置又はこれに代る個別的若しくは集団的の安全保障措置が効力を生じたと日本国及びアメリカ合衆国の政府が認めた時はいつでも効力を失うものとする。

第五条

この条約は、日本国及びアメリカ合衆国によつて批准されなければならない。この条約は、批准書が両国によつてワシントンで交換された時に効力を生ずる。

以上の証拠として、下名の全権委員は、この条約に署名した。

千九百五十一年九月八日にサンフランシスコ市で、日本語及び英語により、本書二通を作成した。

日本国のために

吉田茂

アメリカ合衆国のために

ディーン＝アチソン

ジョーン＝フォスター＝ダレス

アレキサンダー＝ワイリー

スタイルズ＝ブリッジス

資料②

日本国とアメリカ合衆国との間の相互協力及び安全保障条約

（Treaty of mutual cooperation and security between Japan and the United States of America）

1960（昭和35）年1月19日 ワシントンで署名
1960年6月19日 国会承認
1960年6月23日 批准書交換・効力発生
1960（昭和35）年6月23日 条約第6号

日本国及びアメリカ合衆国は、両国の間に伝統的に存在する平和及び友好の関係を強化し、並びに民主主義の諸原則、個人の自由及び法の支配を擁護することを希望し、また、両国の間の一層緊密な経済的協力を促進し、並びにそれぞれの国における経済的な安定及び福祉の条件を助長することを希望し、国際連合憲章の目的及び原則に対する信念並びにすべての国民及びすべての政府とともに平和のうちに生きようとする願望を再確認し、両国が国際連合憲章に定める個別的または集団的自衛の固有の権利を有していることを確認し、両国が極東における国際の平和及び安全の維持に共通の関心を有することを考慮し、相互協力及び安全保障条約を締結することを決意し、よって、次のとおり協定する。

第一条（平和の維持のための努力）

締約国は、国際連合憲章に定めるところに従い、それぞれが関係することのある国際紛争を平和的手段によつて国際の平和及び安全並びに正義を危うくしないように解決し、並びにそれぞれの国際関係において、武力による威嚇又は武器の行使を、いかなる国の領土保全又は政治的独立に対するものも、また、国際連合の目的と両立しない他のいかなる方法によるものも慎むことを約束する。

締約国は、他の平和愛好国と共同して、国際の平和及び安全を維持する国際連合の任務が一層効果的に遂行されるように国際連合を強化することに努力する。

第二条（経済的協力の促進）

締約国は、その自由な諸制度を強化することにより、これらの制度の基礎をなす原則の理解を促進することにより、並びに安定及び福祉の条件を助長することによつて、平和的かつ友好的な国際関係の一層の発展に貢献する。締約国は、その国際経済政策におけるくい違いを除くことに努め、また、両国の間の経済的協力を促進する。

第三条（自衛力の維持発展）

締約国は、個別的に及び相互に協力して、持続的かつ効果的な自助及び相互援助により、武力攻撃に抵抗するそれぞれの能力を、憲法上の規定に従うことを条件として、維持し発展させる。

第四条（臨時協議）

締約国は、この条約の実施に関して随時協議し、また、日本国の安全又は極東における国際の平和及び安全に対する脅威が生じたときはいつでも、いずれか一方の締約国の要請により協議する。

第五条（共同防衛）

各締約国は、日本国の施政の下にある領域における、いずれか一方に対する武力攻撃が、自国の平和及び安全を危うくするものであることを認め、自国の憲法上の規定及び手続に従つて共通の危険に対処するように行動することを宣言する。

前記の武力攻撃及びその結果として執つた全ての措置は、国際連合憲章第五十一条の規定に従つて直ちに国際連合安全保障理事会に報告しなければならない。その措置は、安全保障理事会が国際の平和及び安全を回復し維持するために必要な措置を執つたときは、終止しなければならない。

第六条（基地の許与）

日本国の安全に寄与し、並びに極東における国際の平和及び安全の維持に寄与するため、アメリカ合州国は、その陸軍、空軍及び海軍が日本国において施設及び区域を使用することを許される。

前記の施設及び区域の使用並びに日本国における合州国軍隊の地位は、千九百五十二年二月二十八日に東京で署名された日本国とアメリカ合州国との間の安全保障条約第三条に基づく行政協定（改正を含む。）に代わる別個の協定及び合意される他の取極により規律される。

第七条（国連憲章との関係）

この条約は、国際連合憲章に基づく締約国の権利及び義務又は国際の平和及び安全を維持する国際連合の責任に対しては、どのような影響を及ぼすものではなく、また、及ぼすものとして解釈してはならない。

第八条（批准）

この条約は、日本国及びアメリカ合州国により各自の憲法上の手続に従つて批准されなければならない。この条約は、両国が東京で批准書を交換した日に効力を生ずる。

第九条（旧条約の失効）

千九百五十一年九月八日にサン・フランシスコ市で署名された日本国とアメリカ合州国との間の安全保障条約は、この条約の効力発生のときに効力を失う。

第十条（条約の終了）

この条約は、日本区域における国際の平和及び安全の維持のため十分な定めをする国際連合の措置が効力を生じたと日本国政府及びアメリカ合州国政府が認めるときまで効力を有する。

もつとも、この条約が十年間効力を存続した後は、いずれの締約国も、他方の締約国に対しこの条約を終了させる意志を通告することができ、その場合には、この条約は、そのような通告が行われた後一年で終了する。

以上の証拠として、下名の全権委員は、この条約に署名した。

千九百六十年一月十九日にワシントンで、ひとしく正文である日本語及び英語により本書二通を作成した。

（両国全権委員氏名省略）

千九百五十一年九月八日にサンフランシスコ市で、日本語及び英語により、本書二通を作成した。

日本国のために

岸　信介
藤山愛一郎
石井光次郎
足立　正
朝海浩一郎

アメリカ合衆国のために

クリスチャン・A・ハーター
ダグラス＝マッカーサー2世
J・グレイアム＝バーンズ

資料③

条約第6条の実施に関する交換公文

（岸・ハーター交換公文）

1960（昭和35）年1月19日　ワシントンで署名

（日本側往簡）

書簡をもつて啓上いたします。本大臣は、本日署名された日本国とアメリカ合衆国との間の相互協力及び安全保障条約に言及し、次のことが同条約第六条の実施に関する日本国政府の了解であることを閣下に通報する光栄を有します。

合衆国軍隊の日本国への配置における重要な変更、同軍隊の装備における重要な変更並びに日本国から行なわれる戦闘作戦行動（前記の条約第五条の規定に基づいて行なわれるものを除く。）のための基地としての日本国内の施設及び区域の使用は、日本国政府との事前の協議の主題とする。

本大臣は、閣下が、前記のことがアメリカ合衆国政府の了解でもあることを貴国政府に代わつて確認されれば幸いであります。

本大臣は、以上を申し進めるに際し、ここに重ねて閣下に向かつて敬意を表します。

千九百六十年一月十九日にワシントンで

岸　信介

アメリカ合衆国国務長官　クリスチャン.A.ハーター閣下

〈合衆国側返簡〉

書簡をもつて啓上いたします。本長官は、本日付けの閣下の次の書簡を受領したことを確認する光栄を有します。

〈日本側書簡省略〉

本長官は、前記のことがアメリカ合衆国政府の了解でもあることを本国政府に代わつて確認する光栄を有します。

本長官は、以上を申し進めるに際し、ここに重ねて閣下に向かつて敬意を表します。

千九百六十年一月十九日

アメリカ合衆国国務長官　クリスチャン・A・ハーター

日本国総理大臣　岸信介閣下

資料④
「極東」の範囲

1960（昭和35）年2月26日　政府統一見解

一般的な用語として使われる「極東」は、別に地理学上正確に固定されたものでは無い。しかし、日米両国が、条約に言う通り共通の関心を持っているのは、極東における国際の平和及び安全の維持と言う事である。この意味で実際問題として両国共通の関心の的となる極東の区域は、この条約に関する限り、在日米軍が日本の施設及び区域を使用して武力攻撃に対する防衛に寄与しうる区域である。かかる区域は、大体において、フィリピン以北並びに日本及びその周辺の地域であって、韓国及び中華民国の支配下にある地域もこれに含まれている。（「中華民国の支配下にある地域」は「台湾地域」と読み替えている。）

新（安保）条約の基本的な考え方は、右の通りであるが、この区域に対して武力攻撃が行われ、あるいは、この区域の安全が周辺地域に起こった事情の為、脅威されるような場合、米国がこれに対処する為、執る事のある行動の範囲は、その攻撃又は脅威の性質如何にかかるのであって、必ずしも前記の区域に局限される訳では無い。

しかしながら米国の行動には、基本的な制約がある。すなわち米国の行動は常に国際連合憲章の認める個別的又は集団的自衛権の行使として、侵略に抵抗する為にのみ執られる事になっているからである。

資料⑤

事前協議の主題

1968（昭和43）年4月25日　衆議院外務委員会提出の政府答弁

日本政府は、以下の様な場合に日米安保条約上の事前協議が行われるものと了解している。

「配置における重要な変更」の場合

陸上部隊の場合は1個師団程度、空軍の場合はこれに相当するもの、海軍の場合は1機動部隊程度の配置

「装備における重要な変更」の場合

核弾頭及び中・長距離ミサイルの持込み並びにそれらの基地の建設が我が国から行われる戦闘作戦行動（条約第5条に基づいて行われるものを除く。）の為の基地としての日本国内の施設・区域の使用

資料⑥

「米軍の駐留は憲法違反」—伊達判決を生かし、憲法9条を守り抜こう

伊達判決を生かす会

1　「伊達判決」とは

1955年に始まった米軍立川基地拡張反対闘争（砂川闘争）の中で、1957年7月8日、立川基地滑走路の中にある農地を引き続き強制使用するための測量が行われましたが、これに抗議する労働者・学生が柵を押し倒して基地の中に立ち入った。この行動に対し警視庁は9月末になって、日米安保条約に基づく刑事特別法違反の容疑で23名を逮捕し、そのうち7名が起訴され裁判になった。

1959年3月30日、東京地裁の伊達秋雄裁判長は、「米軍が日本に駐留するのは、米政府の一方的決定に基づくものではなく、我が国の要請と基地の提供、費用の分担その他の協力があって初めて可能であり、これは憲法第9条の第2項前段によって禁止されている陸海空軍その他の戦力の保持に該当するものといわざるを得ず、憲法上その存在を許すべからざるものである」として、駐留米軍を特別に保護する刑事特別法は憲法違反であり、米軍基地に立ち入った事は罪にならないとして被告全員に無罪判決を言い渡した。これがいわゆる「伊達判決」である。

60年安保改定を目前にして、日本政府はこの判決に慌てふためき、東京高裁を飛び越して最高裁に跳躍上告した。最高裁は59年12月16日、伊達判決を取り消して地裁に差し戻した。しかし、最高裁は日米安保条約とそれに基づく刑事特別法を「合憲」としたわけではない。最高裁の判決は「(安保条約の）違憲なりや否やの法的判断は、純司法的機能をその使命とする司法裁判所の審査には、原則としてなじまない性質のものであり、したがって、一見極めて明白に違憲無効と認められない限りは、裁判所の司法審査権の範囲外のものであって、それは第一次的には、右条約の締結権を有する内閣及びこれに対して承認権を有する国会の判断に従うべく、終局的には、主権を有する国民の政治判断にゆだねられるべきものであると解するを相当とする」として憲法判断を放棄したのである。そしてこの判決の1ヶ月後の60年1月19日、日米安保の改定調印が行われた。

2　基地拡張を阻止した砂川闘争

米軍立川基地の前身は大日本帝国陸軍の飛行場であったが、敗戦により45年に米軍に接収され、その後再三にわたって拡張のために砂川の農地が奪われた。朝鮮戦争の際には米軍の出撃拠点として使われて爆音と危険にさらされてきたが、55年、大型機の離

着陸のためさらに滑走路を延長することを米軍が要求し、砂川闘争が始まったのである。

砂川町の農民は基地拡張反対同盟を結成し、支援の労働者・学生・知識人と共に流血の弾圧に屈することなく闘い、68年ついに1センチの拡張も許すことなく米軍に計画を撤回させたのである。

基地拡張は阻止したが、60年代、立川基地はベトナム戦争の出撃拠点として使われ続けた。日夜にわたって武器弾薬、兵員が運び出され、負傷兵や戦死者の遺体が運び込まれ、立川の町には米兵や韓国兵があふれていた。

そして69年、米軍は狭い立川基地での飛行活動を停止して横田基地に移転し、旧立川基地は現在、一部を陸上自衛隊航空隊が使用しているものの、昭和記念公園や防災拠点となり、かつての基地拡張予定地では市民参加の跡地利用の協議が行われている。このような状況を生みだしたのは、砂川の農民が、最後まで防衛施設庁の執拗な土地買収の圧力に屈せず、土地を守り抜いた闘いの結果である。

砂川闘争は、戦争のための軍事基地ではなく豊かな暮らしのための農地を、安保条約ではなく非戦非武装の憲法を守ったのである。立川は東京都西部の拠点都市として発展しているが、1999年当時立川市長だった青木久さんは、「今、あの闘争のおかげですよ。立川が今こんなふうになっているのは。基地になっていたらあり得ないよ。昭和公園だって、闘争のおかげですよ。」と語っている。

3　伊達判決を覆すための日米密議

伊達判決とそれを覆した最高裁の不当判決から49年もたった2008年4月、国際問題研究家の新原昭治さんは米国立公文書館で、伊達判決に関連した十数通の米政府の秘密電報を発見した。伊達判決が出された翌日(59年3月31日)の駐日米国大使マッカーサーからの電文は次のようなものである。

「今朝8時に藤山外相に会い、米軍の駐留を日本国憲法違反とした東京地裁判決について話し合った。私は、日本政府が迅速な行動をとり東京地裁判決を正すことの重要性を強調した。(中略)藤山は全面的に同意すると述べた。完全に確実とはいえないが、藤山は日本政府当局が最高裁に跳躍上告することはできるはずだとの考えであった。藤山は今朝9時に開催される閣議でこの行為を承認するように勧めたいと語った」。違憲判決が出た翌朝早々に、閣議の開かれる前に、外務大臣が米国大使と会い、大使から跳躍上告を示唆され、そのようにすることを約束しているのである。

その後もマッカーサー大使は十数回に及ぶ電報や手紙で岸首相や藤山外相の言動を本国に伝え、田中最高裁長官との面談についても、「私的な会話の中で、田中最高裁長官は本件を優先的に取り扱うが、日本の手続きでは審理が始まっても結論に達するには少なくとも数カ月かかるだろうと述べた」と報告している。憲法の守り手であり、司法の最高機関である最高裁長官が、最高裁で審理中の案件について、米国大使にその取り扱いを報告しているのである。

上記の日米密談は、駐留米軍と基地が憲法違反であるという伊達判決が、日米両国政府にいかに大きな衝撃を与えたかを物語っている。60年安保改定を進めていた岸内閣にとっては大打撃であったろうが、反戦反安保の闘いを進めている全国の民衆にとっては初めて自らの主張が裁判所で認められたという歓びと、憲法を武器として闘おうという確信を与えた。

今回新原さんが発見された日米安保をめぐる米国大使の公電などの公文書は、改めて日本政府が米国の強い影響のもとに、国民、国会に隠れた密議によって安保条約改定を早期に実現しようとしたこと、最高裁長官自らが司法の独立を放棄したことを示している。

4　情報開示請求と「伊達判決を生かす会」の結成

新原さんによる日米密談に関する文書の発見を知った砂川闘争の元被告土屋源太郎さんは、２００９年３月、弁護士と相談しながら内閣府、外務省、法務省、最高裁に対して情報開示請求を行った。しかし政権交代以前のこの時点では、回答はいずれも「不開示」であった。こうした動きを知った有志が集まり、元被告の土屋さん、坂田茂さんを中心に「伊達判決を生かす会」を結成、２００９年６月６日明治大学リバティタワーで集会を開き、10月、約40名で再度の情報開示請求を行うとともに、10月26日には衆議院第1議員会館で開示請求の集会、12月12日には明治大学リバティタワーで「伊達判決の破棄に抗議し、日米密約の全面公開を要求する集会」など国会内外での集会を行うなどの活動を開始した。

再度の情報開示請求に対して、内閣府、法務省、最高裁の回答は、「文書が存在しない」として「不開示」であったが、外務省は「対象文書の含まれている可能性のあるファイルが著しく大量である」、「処理すべき開示請求案件や、他の事務が繁忙である」という理由で、可能な部分については２００９年12月25日までに開示決定等を行い、残りについては２０１０年３月31日までに開示決定を行うという回答であった。私達は不開示の決定をした省庁に対しては「不服申し立て」をするとともに、外務省に対しては3月末の回答を待って、対応してゆきたいと考えている。

「伊達判決」を覆した最高裁判決に至る過程で、日米政府の間でどのような交渉が行われたのかは、決して50年前の「昔の話」ではなく、普天間基地問題をはじめ沖縄や全国の米軍基地の存在の根幹にかかわる現在の問題だと私たちは考える。

私たちは、日米安保条約の法的根拠に関して公正な判断を下すため、憲法裁判所としての最高裁の権威と公正さを取り戻すため、ひいては日米関係を、伊達判決破棄や核兵器持ち込みや沖縄返還に関わって今日明らかになっている両国政府間の「密約」や「密談」によってではなく、国民に開かれた議論の上で再構築するため、関連省庁にすべての情報を開示することを要求するとともに、「伊達判決」が持つ意義を現在の状況の中で再度考え、行動してゆきたいと考えている。

「伊達判決を生かす会」に対して、志のある方のご支援・ご協力を心からお願いする。

資料⑦
砂川事件「伊達判決」に関する米政府解禁文書

訳者
新原昭治
布川玲子

以下は、新原昭治が、二〇〇八年四月、米国立公文書館（米メリーランド州カレッジパーク）で入手した砂川事件「伊達判決」（東京地判昭和34年3月30日判例タイムズ89号79頁）に関する解禁文書十四点の日本語訳である。＊

十四点の文書の内訳は、マッカーサー駐日米大使名の東京米大使館発国務省宛外交電報十通、同外交航空書簡三通、国務省発東京米大使館宛外交電報一通である。

日本語への翻訳は、新原昭治が作成した二〇〇八年四月二十七日版（ウェッブサイト「ちきゅう座」にて公開）を基に、今回両名にて推敲したものである。その際、吉永満夫弁護士（東京弁護士会所属）にご教示いただいた。

＊

(1)各文書冒頭の行は、新原が作成した文書ファイル名である。最初の二行の数字は、文書の日付順を示す序数詞であり、続く数字は、文書受信日または発信日である。次の英単語は、どこからどこ宛に発信された文書であるか等を示す略称である。

(2)各文書二行目は、【全訳】【抄訳】【翻訳略】の別を示した。

(3)本文中〔 〕亀甲括弧内は、翻訳者による補足説明である。

01　19590330 TOKYO-DOS JOINT EMB-USIS MESSAGE

【全訳】

国務省・受信電報

「部外秘」

１９５９年３月30日午前６時52分受信〔日本時間・３月30日午後７時52分〕

発信元：東京〔大使館〕

宛先：国務長官

電報番号：１９６８　３月30日午後８時

夜間作業必要緊急電

国務省宛１９６８　同文情報提供―太平洋軍司令部宛５５、在日米軍司令部宛３３２

太平洋軍司令部は政治顧問へ。

国務省から国防総省と文化情報庁へ。

大使館・文化情報局共同連絡

伊達秋雄を裁判長裁判官とする東京地方裁判所法廷は本日、日本が日本防衛の目的で米軍の日本駐留を許している行為は、「憲法第九条第二項で禁じられている陸海空軍その他の戦力の範疇に入るもので、日米安保条約と日米行政協定の国際的妥当性がどうであれ、国内法のもとにおいては米軍の駐留は……憲法に違反している」と宣言した。

判決はいわゆる砂川事件に関連したもので、〔共産党支配の学生組織〕全学連の書記長土屋源太郎ならびに他の六人の被告に関する一九五七年七月八日の米軍立川基地侵入（一九五七年七月八日の大使館電報第六八号で説明済）について無罪とした。

当地の夕刊各紙はこれを大きく取り上げており、当大使館はマスメディアからさまざまの性格の異なる報道に関した数多くの問い合わせを受けている。外務省当局者と協議の後これら問い合わせには、「日本の法廷の判決や決定に関して当大使館がコメントするのは、きわめて不適切であろう。この問題にコメントする最適の立場にあるのは日本政府だと考える」旨答えている。在日米軍司令部もマスメディアの問い合わせに同様の回答をしている。

外務省当局者がわれわれに語ったところによれば、日本政府は地裁判決を上訴するつもりであり、今夜の参院予算委員会質疑で法務大臣がそれについて言明する予定である。

マッカーサー

02 19590331 TOKYO-DOS MACMETFUJIYAMA

【全訳】
国務省・受信電報
「極秘」
1959年3月31日午前1時17分受信〔日本時間・3月31日午後2時17分〕
発信元：東京〔大使館〕
宛先：国務長官
電報番号：1969 3月31日午後2時
至急電
国務省宛1969 同文情報提供—太平洋軍司令部宛552、在日米軍司令部宛553
限定配布
太平洋軍司令部宛は政治顧問とフェルト提督へ。在日米軍司令部宛てはバーンズ将軍へ。
大使館関連電報1968
今朝八時に藤山〔愛一郎＝外務大臣〕と会い、米軍の駐留と基地を日本国憲法違反とした東京地裁判決について話し合った。私は、日本政府が迅速な行動をとり東京地裁判決を正すことの重要性を強調した。私はこの判決が、藤山が重視している安保条約についての協議に複雑さを生みだすだけでなく、四月二十三日の東京、大阪、北海道その他でのきわめて重要な知事選挙を前にしたこの重大な時期に、国民の気持に混乱を引きおこしかねないとの見解を表明した。
私は、日本の法律体系のことをよく知らないものの、日本政府がとり得る方策は二つあると理解していると述べた。

一、東京地裁判決を上級裁判所〔東京高裁〕に控訴すること
二、同判決を最高裁に直接、上告〔跳躍上告〕すること

私は、もし自分の理解が正しいなら、日本政府が直接最高裁に上告することが、非常に重要だと個人的には感じている。というのは、社会党や左翼勢力が上級裁判所〔東京高裁〕の判決を最終のものと受け入れることは決してなく、高裁への訴えは最高裁が最終判断を示すまで論議の時間を長引かせるだけのこととなろう。これは、左翼勢力や中立主義者らを益するだけであろうと述べた。

藤山は全面的に同意すると述べた。完全に確実とは言えないが、藤山は、日本政府当局が最高裁に跳躍上告することはできるはずだ、との考えであった。藤山は、今朝九時に開かれる閣議でこの上告を承認するように促したいと語った。

マッカーサー

03 19590331 TOKYO-DOS MAC PRIORITY

【全訳】

国務省・受信電報
「秘」
１９５９年３月31日午前９時29分受信〔日本時間・３月31日午後10時29分〕
発信元：東京〔大使館〕
宛先：国務長官
電報番号：１９７３　３月31日午後９時
至急電
国務省宛１９７３　同文情報提供―太平洋軍司令部宛５５４、在日米軍司令部宛３３５
太平洋軍司令部宛は政治顧問とフェルト提督へ。在日米軍司令部宛はバーンズ将軍へ。
限定配布
大使館関連電報１９６９

今夕、外務省当局者は、日本政府が東京地裁判決を最高裁に跳躍上告するか、それともまず東京高裁に控訴するかをめぐって、未だ結論に到達していないと知らせてきた。どちらの選択肢をとることがより望ましいかで議論の余地があるらしく、目下、法務省で緊急に検討中である。外務省当局者は、いまの状況をなるべく早くすっきりと解決することが望ましいことは十分認識している。

マッカーサー

04 19590401 TOKYO-DOS PROGRESSREPORT

【抄訳】

国務省・受信電報

「部外秘」
1959年4月1日午前7時06分受信〔日本時間4月1日午後8時06分〕
発信元：東京〔大使館〕
宛先：国務長官
電報番号：1971 4月1日午後8時
至急電
国務省宛1978 同文情報提供―太平洋軍司令部宛556、在日米軍司令部宛337、ならびに全駐日領事館宛。
太平洋軍司令部は政治顧問宛。
大使館関連電報1968

日本における米軍の駐留は憲法違反と断定した東京地裁の伊達判決は、政府内部でもまったく予想されておらず、当初日本国内に鮮烈な衝撃をひろげた。同判決は、国会での政府と社会党指導者との鋭い論議を巻き起こし、また憲法問題専門家らの議論や政治評論家らの広範囲に及ぶ推測、論評が飛び交った。

岸〔首相〕と政府幹部はともに国会でも国民向け声明でも、同判決は裁判所内の少数意見を代弁したに過ぎないこと、最終的判決は最高裁によってなされること、さしあたって伊達判決は、日本政府の政策を変えるものではないし、憲法第九条について日本政府が長年に亘りとってきた以下のような解釈を変えるものでもないことを強調している。（A）第九条は、攻撃からみずからを防衛する権利を日本が持つことを否定していないこと、（B）このような目的のための戦力を日本が持つことを禁じていないこと、（C）日本における米軍の駐留を禁じていないこと。

岸は、政府として自衛隊、安保条約、行政協定、刑事特別法は憲法違反ではないことに確信を持って米国との安保条約改定交渉を続けると声明した。

すべての新聞が引続き、伊達判決についての詳細な論説や全世界の主要首都からの反応を含めて、大きな扱いを続けている。ただし、当初の三月三十一日付紙面で際立ったようなセンセーショナルな扱いは影をひそめ、むしろ落ち着いた反応にとってかわっている。

〔以下、各紙論評の特徴と社会党の動向を報告しているが、翻訳は省略。〕

注釈―東京地裁判決の反響を全面的に予測するのはまだ早すぎる。さしあたっての一応の推測としては、いうまでもなく社会党は、当面次の選挙戦に向けてこの問題を最大限に活用することが予想される。同時に、長期的には政府が確信をもって予測しているように、最高裁の最終判決が伊達判決を明快な論法で覆すなら、国民的論議や法律的論議の最終的結末は、米日防衛取り決めのための特別な罰則規定を含めて、自衛のため適切な措置をとる権利を日本が持っていることを健全なやり方で明確化するものとなろう。

マッカーサー

05　19590401 TOKYO-DOS FUJIYAMA ASKED MEET

【全訳】

国務省・受信電報

「秘」

1959年4月1日午前7時26分受信〔日本時間4月1日午後8時26分〕

発信元：東京〔大使館〕

宛先：国務長官

電報番号：1982　4月1日午後8時

至急電

国務省宛1982　同文情報提供―太平洋軍司令部宛557、在日米軍司令部宛338

太平洋軍司令部宛は政治顧問宛。

大使館関連電報1968

藤山〔外相〕が本日、内密に会いたいと言ってきた。藤山は、これまでの数多くの判決によって支持されてきた憲法解釈が、砂川事件の上訴審でも維持されるであろうことに、日本政府は完全な確信をもっていることをアメリカ政府に知ってもらいたいと述べた。法務省は目下、高裁を飛び越して最高裁に跳躍上告する方法を検討中である。最高裁には三千件を超える係争中の案件がかかっているが、最高裁は本事件に優先権を与えるであろうことを政府は信じている。とはいえ、藤山が述べたところによると、現在の推測では、最高裁が優先的考慮を払ったとしても、最終判決をくだすまでにはやはり三ヵ月ないし四ヵ月を要するであろうということである。

同時に、藤山は、東京地裁判決が覆されるだろうということ、そして自衛隊と米軍駐留などは合憲であるという日本政府の立場が支持されるであろうということに、いささかの疑いも抱いていないことを、明確に示すよう日本政府が振舞うことが大事だと述べた。地裁判決へのマスメディアと世論の反応はこれまでのところ、日本政府の立場にとって決して不利なものではない。いまのところ、日本政府は社会党が新たに司法を尊重せよと騒ぎ立てていることを必ずしも不快に思っていない。というのは、日本政府は「社会党の司法尊重」が最高裁の段階になった時ブーメラン効果をあげることを期待しているからである。

一方で、藤山は、もし日本における米軍の法的地位をめぐって、米国または日本のいずれかの側からの疑問により、例えば、〔日米安保〕条約〔改定〕交渉が立ち往生させられているといった印象がつくられたら、きわめてまずいと語った。

そこで藤山は、私が明日、藤山との条約交渉関連の会談を、事前に公表のうえ開催することを提案した。藤山は、この会談で、日本政府の立場の合憲性に政府が確信を持っており、安保条約交渉を前進させたいとする政府の意図を、アメリカ政府に保証しようとする日本政府の主導によりこの会談は開催されたことを明確にすることになろう。

この会談の開催について最終決定をくだす前に、藤山は明朝、福田〔赳夫＝自民党幹事長〕と船田〔中＝自民党政調会長〕と相談し、事前公表予定の明日の会談が、自民党にとっても世論にとっても有意義かどうかを再確認する予定である。

マッカーサー

06 19590403 TOKYO-DOS FUKUDA INFO

【全訳】

国務省・受信電報

「秘」

1959年4月3日午前2時26分受信〔日本時間4月3日午後3時26分〕

発信元：東京〔大使館〕

宛先：国務長官

電報番号：2001 4月3日午後4時

至急電

国務省宛2001 同文情報提供―太平洋軍司令部563、在日米軍司令部宛344

太平洋軍司令部宛は政治顧問へ。

大使館関連電報1982

自民党の福田幹事長は私に、内閣と自民党が今朝、政府は日本における米軍基地と米軍駐留に関する東京地裁判決を最高裁に直接上告することに決定した、と語った。

マッカーサー

07 19590403 TOKYO-DOS MOJDECISION

【全訳】

国務省・受信電報

「秘」

1959年4月3日午前9時44分受信〔日本時間4月3日午後10時44分〕

発信元：東京〔大使館〕

宛先：国務長官

電報番号：2019 4月3日午後9時

国務省宛2919〔2919は原文の誤記で、正しくは2019〕 同文情報提供―太平洋軍司令部宛568、在日米軍司令部宛349

太平洋軍司令部宛は政治顧問へ。

大使館関連電報1982

法務省は本日、砂川事件に関する東京地裁伊達判決を、東京高裁を飛び越して直接最高裁に上告することに決めたと発表した。

外務省当局者がわれわれに語ったところによると、法務省は近く最高裁に提出予定の上告趣意書を〔次の電文＝文書ファイル番号08にあるように、上告趣意書の訴訟手続き上の提出者は、東京地検であるが、実質上、あるいは、検察と一体になって、政府が取り組んでいるということであろうか。〕準備中だという。最高裁が本件をどのくらいの早さで再審理するかを予測するのは不可能である。判決の時期をめぐる観測者たちの推測は、数週間から数ヵ月もしくはそれ以上まで広範囲に及んでいる。

政府幹部は伊達判決が覆されることを確信しており、案件の迅速な処理に向けて圧力をかけようとしている。数多くの要素が、早期の最高裁判決を望ましいものにしているが、そのなかには次のようなものがある。

1)社会党の選挙活動にとっての伊達判決の歴然たる短期的価値
2)日本の国際的評価にとっての考慮、たとえば日米安保条約改定交渉関連
3)左翼勢力が日本政府、とりわけ日本の国防体制を妨害するためにやりかねない法的対抗手段の可能性

いまのところ左翼勢力がこうした法的戦術に打って出る兆候は断じて見あたらないものの、すでに法廷で係争中の事件での左翼の法的戦略に、伊達判決がそれなりに貢献していると外務省筋が大使館員に語った。その例として指摘されたのは、静岡裁判所における富士演習場事件である。同裁判では、急進的な弁護士に指導された農民たちが、行政協定第二条四項ⓐは、調達庁が米軍の使用のため接収した土地を、日本の自衛隊に使用させる権限を認めていない、と申し立てている。〔この事件はこれまでは主として「生活妨害訴訟」の性格のもので、農民たちの目的は日本政府から土地接収に対し、より高額の補償をかちとることにあるとされてきた。〕

マッカーサー

08　19590424 TOKYO-DOS SUPR-COURT PROGRESS

【全訳】

国務省・受信電報

「秘」

1959年4月24日午前2時35分受信〔日本時間4月24日午後3時35分〕

発信元：東京〔大使館〕

宛先：国務長官

電報番号：２２００　4月24日午後4時

国務省宛２２００　同文情報提供─太平洋軍司令部宛６１５、在日米軍司令部宛３９４

太平洋軍司令部宛は政治顧問へ。

大使館関連電報２０１９

最高裁は四月二十二日、最高検察庁〔原文は、SUPREME

PROCURATORであるが、判例集で確認する限り、実際の上告趣意書の提出者は、東京地方検察庁検事正野村佐太男である。〔最大判昭和三四年一二月一六日刑集第一三巻一三号三二二五頁〕〕による砂川事件の東京地裁判決上告趣意書の提出期限を六月十五日に設定した。これに対し、被告側は答弁書を提出することになる。

外務省当局者がわれわれに知らせてきたところによると、上訴についての大法廷での審議は、恐らく七月半ばに開始されるだろう。とはいえ、現段階で判決の時機を推測するのは無理である。内密の話し合い〔原文は、PRIVATE CONVERSATION〕で本件の裁判長裁判官田中〔耕太郎＝最高裁長官〕は、大使に本件には優先権が与えられているが、日本の手続きでは審議が始まったあと判決に到達するまでに、少なくとも数ヵ月かかると語った。

マッカーサー

09　19590522 TOKYO-DOS NEWS COVERAGE

【抄訳】

国務省・受信航空書簡

「秘」

１９５９年5月22日受領

発信元：東京〔大使館〕

宛先：国務長官

航空書簡番号：Ｇ—６３１

大使館関連電報２２００

同文情報提供—太平洋軍司令部宛Ｇ８１

太平洋軍司令部宛は政治顧問へ

砂川事件は引き続きかなりの国民的関心を惹きつけており、新聞は関連するすべてのニュースを目立つ形でとりあげている。この問題はしばしば論説やラジオ解説や防衛問題を論じる討論者たちによって引き合いに出されており、そこには安全保障問題をめぐる日本政府と社会党の対立する立場の分析も含まれている。観測者たちの一致した見方では、政府は東京地裁判決の最高裁への上告は、良い結果に終わると平静に確信しているが、あの判決は国会論議や政治演説で日本の軍事増強を攻撃する社会党の取り組みに光彩を与え、一時的なものかもしれないが力を貸すことになった。

事件の被告たちは総評や社会党、その他の左翼勢力から熱烈な支援を受けており、彼らは、上告と闘う豊富な資金づくりに精を出している。弁護側は事件の七人の被告を弁護するために一千人の弁護士を集めると威嚇した。（日本の裁判では、理論的には、どちらの側の弁護士にも人数の制約はない。）大法廷での審議に先立って予備的打ち合わせをする第一小法廷齋藤悠輔主任裁判官は、この計画を阻止する決定をくだし、弁護士を一人の被告につき三人以下に制限した。この弁護側の計画は、多くの評論家や朝日新聞を含む新聞から非難された。

報道機関は、弁護士の人数制限の決定を弁明して斎藤〔判事〕は、この決定により最高裁の上告審理が促進されるだろうと述べ、最高裁は、この事件がきわめて重要な意味を持っているので最高度の優先度を与えていると説明した、報じた。新聞報道によれば、斎藤はこのほか、最高裁は米最高裁がジラード事件〔在日米軍群馬県相馬が原演習地にて一九五七年一月三〇日、演習地内に侵入した主婦がジラード特務二等兵によって射殺された事件。〕について迅速に決定したことを、砂川事件上告の処理を取り急ぎおこなう先例として考えていると述べるとともに、最高裁はこの事件の判決を八月におこなうだろうと予測したとのことである。しかしながら、外務省当局者は、現時点で〔最高裁判決の〕時機について信頼できる推測をおこなうことには疑問を提している。

〔以下、翻訳は省略＝この部分では、木村亀二東北大学教授の所論や同氏が米大使館員に語った内容が紹介されている。〕

10　19590608 TOKYO-DOS TOKYO PROCURATOR OFFICE APPEAL

【翻訳略】

国務省・受信航空書簡
「部外秘」
１９５９年６月８日受領
発信元：東京〔大使館〕
宛先：国務長官
航空書簡番号：Ｇ―６４７
同文情報提供―外交行嚢により太平洋軍司令部宛Ｇ―86
外交行嚢により在日米軍司令部宛
太平洋軍司令部宛は外交行嚢により政治顧問へ。
大使館関連航空書：Ｇ―６３１

〔この航空書簡の内容は、東京地検が１９５９年６月２日に最高裁に提出した上告趣意書の要点である。〕

11　19590913 TOKYO-DOS TRIAL DEFENSE ALLEGED USFLEET INDOCHINA

【全訳】

国務省・受信電報
「秘」
１９５９年９月13日午前１時10分受信〔日本時間・９月13日午後２時10分〕
発信元：東京〔大使館〕
宛先：国務長官
電報番号：７４３　９月13日午後１時
至急電
国務省宛７４３　同文情報提供―太平洋軍司令部宛80、在日米軍司令部宛56
限定配布

太平洋軍司令部宛は政治顧問とフェルト提督へ。在日米軍司令部宛はバーンズ将軍へ。

大使館関連航空書簡G―104、国務省関連電報537

外務省当局者がわれわれに知らせてきたところによると、〔最高裁での〕砂川裁判の弁護側は、予想通り、日本を基地とする米艦隊が一九五四年五月にインドシナ周辺海域で、また一九五八年の台湾海峡危機の際、金門・馬祖両島周辺で、作戦行動をおこなったと申し立てた。

われわれは九月七日、わが方の意見書（関連電報）を外務省当局者に伝えて両者でそれを注意深く吟味した。外務省当局者は、それらの意見書をまだ検察庁には届けておらず、届けるのを躊躇していると知らせてきた。その理由は、1／2項は、日米安保条約下で日本に出入りしている艦隊の部隊が、一九五四年五月に南シナ海に行ったことを明確に否定しているものの、第Ⅱ部の台湾海峡関連ではそうした否定が全くなされていないからである。外務省当局者は、南シナ海部分だけの否定では、台湾海峡に関する別の作戦に注意を惹きつけることにならざるを得ず、弁護側から日米安保条約関係への新たな攻撃を受けることになるだろうと見ている。

しかしながら、外務省当局者は、台湾海峡についての説明を、1／2項でなされたのと同一のあるいはそれと共通したものと言うことができないだろうか、もしそうできるなら、最高裁法廷で九月十八日に最終弁論をおこなう検察官にとって大きな助けとなるであろうとも述べる。

関連電報の第二段落について言えば、こうした説明は可能かもしれない。おそらく国務省は、この主題（11／3A）への質問が「軍隊」と言っていてインドシナに関する質問にあるような「艦隊」に全く言及していないため、それを承認しなかったのだろう。検察側は目下、最終弁論を準備中であり、外務省当局者経由の伝達と意見書に関するわれわれの十分な検討には若干の時間がかかるだろうから、もし11／3項について1／2項と本質的に同様の否定を伝えることができるなら、この点の回答は九月十五日までに必要である。どうか可能な限り迅速な返事を願いたい。

マッカーサー

〔この電報の「関連電報」として、国務省発・東京宛電報537が挙げられているが、今回新原が入手した解禁文書にその電報は含まれていない。なお、本電報と次の国務省発ハーター国務長官名の電報は、最高裁大法廷で内藤功弁護士が、対外攻撃のため在日米軍基地が使われた実例を追及したことに関連したものである。〕

12　19590914 DOS-TOKYO RE-TOKYO743

【全訳】

国務省・発信電報

「秘」
1959年9月14日午後9時28分発信〔日本時間9月15日午前10時28分〕
発信元：国務省
宛先：東京・大使館
至急電
電報番号：603　同文情報提供―太平洋軍司令部宛80、在日米軍司令部宛56
限定配布
大使館関連電報743

関連電報の最後の段落、第一文の推定は、部分的には正しい。台湾海峡危機の際の米「軍」に、日本に出入りしている部隊が含まれていなかったという言明は、日本から沖縄や台湾に移った海兵航空団や第五空軍部隊の移動から見て不正確なものとなろう。海兵航空団も第五空軍部隊も第七艦隊所属部隊とはみなされないから、この言明は第七艦隊についてはなしえても、これに続く日本の基地使用の否定は、事実に照らして台湾海峡作戦の場合には正しくないだろう。というのは、基地は実際に使われたからだ。

これにそって、検察官は次のように述べることはできよう。「米第七艦隊は一九五八年秋、台湾海峡にいた。第七艦隊は、安保条約のもとで日本に出入りしている部隊ではない。台湾海峡海域での米軍の作戦を支援して、第七艦隊は西太平洋中で同艦隊が利用できるさまざまな基地を活用した。」
最後の文は、貴下が任意に含めてもよいし、削除してもよい。

われわれは、この文があまり役立つとは思っていない。もしインドシナと台湾の状況に関する同じ方向の言明がどうしても必要なら、検察官は両方の状況に言及するために、関連国務省電報537の第2段落に含まれている第七艦隊の働き方に関する言明を使うことができよう。

ハーター〔国務長官〕

13　19590917 TOKYO-DOS CONVEY REFTEL INFO

【全訳】
国務省・受信電報
「秘」
1959年9月17日午前7時53分受信〔日本時間9月17日午後8時53分〕
発信元：東京〔大使館〕
宛先：国務長官
電報番：801　9月17日午後8時
至急電
国務省宛801　同文情報提供―太平洋軍司令部宛88、在日米軍司令部宛64
限定配布

太平洋軍司令部宛は、政治顧問とフェルト提督へ。
在日米軍司令部宛は、バーンズ将軍へ。
国務省関連電報537と603

関連電報に含まれていた情報は、外務省当局者に伝えた。彼らはこれに深謝し、許可された情報は検察官に伝え、九月十八日午後おこなわれる最終弁論で使うことになると今期知らせてきた。

マッカーサー

14 19590921 TOKYO-DOS DEFENSE ATTORNEYS ATTACK

国務省・受信航空書簡
「部外秘」
1959年9月19日発信／9月21日受領
発信元：東京〔大使館〕
宛先：国務長官
航空書簡番号：G—170
大使館関連航空書簡G—152

左翼弁護士たちは、最高裁における砂川事件弁論、最後の四期日を、安保条約と日本の西側陣営との同盟への手当たり次第の攻撃に費やした。弁論開始日に検察側と弁護側がともに発言をおこなったのとは対照的に（G—152）、弁護側だけが四期日（九月九日、十一日、十四日、十六日）、連続して弁じたてた。

弁護団の攻撃の矛先は最初、安保条約が国連憲章と日本国憲法に違反することを論証しようと試みることに集中した。そのなかで弁護側は、安保条約を法的意味で正しくないと追及するだけでなく、アメリカと日本の意図を非難して同条約は日本滅亡への道に通じることを示そうとした。

弁護団の一人、社会党容共労農派の黒田寿男は、⑴安保条約は国連憲章第五一条と第五二条をいずれも侵犯している、それは同条約が二国間条約で日本に対する一時的軍事援助以上のものを与えるからである、⑵同条約は不平等である、それは同条約がアメリカ側に日本を守る義務を負わせていないからである、⑶「従属条約」は国連憲章の平等と平和主義の原則に違反している、⑷同条約は、アメリカ軍がどこの標的に対する侵略的行動を開始するにあたっても日本の基地を使うことはない、とは保証していない、と主張した。

総評弁護団の弁護士〔＝内藤功弁護士〕は、米軍は日本政府の管理下にないから米軍の駐留は合憲だとの検察側主張は、論点を失していると述べた。同弁護士は、海上自衛隊艦船はソ連の潜水艦を追跡する目的のため第七艦隊の作戦行動に参加してきており、そのことは在日米軍が日本の軍事力を「事実上代表している」ことの追加的な「証拠」であると主張し、この状況は日本民族滅亡への道であると論じた。共産党前衛組織の自由法曹団弁護士で共産党員の風早八十二もまた、近隣諸国、「とくに共産中国、ソ連、北朝鮮」は、日本の安全にいかなる危険ももたらしていないにもかかわらず、日本が武力攻撃の危険にさらされているとする検察側の「勝手な想定」を攻撃した。かれらは安保条約が「仮想敵国」、すなわちソ連と共産中国をねらった軍事条約であると主張した。

この論点は、さらに日教組法律顧問の芦田浩志によって展開された。芦田は、⑴アメリカは同盟諸国との戦時協約を一方的に侵害した、⑵「韓国が始めた」朝鮮紛争はヤルタ、モスクワ、カイロの諸条約を侵犯した、⑶現在のラオス危機はアメリカの侵略計画に根源があると述べた。元最高裁判事で現在は弁護士の真野毅は、九月十六日、ソ連の人工衛星打ち上げまで持ち出して、安保条約を戦争と結びつけ、それも今やソ連のロケット技術の進歩で可能となった全面破壊戦争と結びつけた。

九月十六日の法廷は、もっぱら、諸条約やそれに従って制定された国内法の合憲性〔の審理〕に最高裁が及ぶことは憲法上禁じられている、とする検察側主張に対する弁護側論駁に終始した。（法律論の技術上厄介な点は、被告たちの起訴理由とされた日本における米軍の施設との区域を守ることに関連する刑事特別法の合憲性をめぐる問題である。）この論争で、弁護側は砂川事件を、一八九一年の有名な大津事件で、大審院がロシア皇太子暗殺未遂犯を検察要求通りの死刑にはしなかったことと対照させて、最高裁の国民的自尊心と独立心に訴えようとした。弁護側は最高裁に対し、砂川事件を政治的考慮にもとづくのでなく、その法的実体にそって判決をくだすよう求めた。

口頭による審理は、九月十八日に弁護側、検察側双方による最終弁論をもって終結する。審理は引き続き、新聞の内側の紙面できわめてくわしく報じられ続けているが、論説による実質的な論評はなく、法廷周辺も平穏である。

マッカーサー

＊本資料は、『法学論集』64号（山梨学院大学）掲載資料『砂川事件「伊達判決」に関する米政府解禁文書（原文と翻訳）』より、日本語訳のみ転載。

新原昭治（にいはら　しょうじ）国際問題研究者。ジャーナリスト。著書に『米政府安保外交秘密文書（資料・解説）』（新日本出版社）などがある。

布川玲子（ふかわ　れいこ）山梨学院大学法学部教授。法哲学専攻。「伊達判決を生かす会」会員。

資料⑧

陳　述　書（２００９年８月24日）

東京地方裁判所民事第38部　御中

氏名　吉野文六

１　略歴

私は、１９１８年８月８日、長野県松本市で生まれました。１９４０年、東京帝国大学法学部在学中に外務省に入省し、駐米大使館公使（１９６８年２月～１９６８年４月）、同特命全権公使（１９６８年５月～１９７０年12月）、アメリカ局長（１９７１年１月～１９７２年６月）、外務審議官などを務めました。退官後は株式会社国際経済研究所所長などを務めました。１９９０年11月、勲一等瑞宝章を受けています。

私は、アメリカ局長在任中、沖縄返還交渉に携わっていました。今回の訴訟で開示が求められている各文書について、原告代理人から示された各文書及びそれらに関わる公電文などを参照にしつつ、記憶に従って述べたいと思います。

２　沖縄返還交渉の概要及びその背景

まず、はじめに沖縄返還交渉の概要及びその背景について確認しておきたいと思います。

重要なことは、沖縄の本土並み返還をニクソン大統領が佐藤栄作首相に約束したのは１９６９年11月のワシントンにおける両首脳の共同声明によってではありますが、それから沖縄返還協定が１９７２年５月に発効するまで、正確には発効後１年間位までの間、日米の外交関係に甚大な影響を与えたのは、次の３つの事態だということです。

①ベトナム戦争の終結が米側の予想よりはるかに遅れ、アメリカの政情が悪化したこと

②日本の対米通常輸出とベトナム特需の急速な増大により米経済は予想外に苦しみ、１９７１年のドルの金本位制度からの離脱及びそれに続く切り下げなど一連の事態に発展していったこと

③ニクソンの選挙公約であった日米繊維協定の妥結が予想外の難関に遭遇し、アメリカが日本を出し抜いて中華人民共和国と正常化するなど日米間の感情的もつれに発展したこと

以下、順を追って説明します。

沖縄は、１９４５年に米軍によって占領された後、日本が主権を回復した１９５２年以降もアメリカの統治下に置かれていました。そのため、沖縄島民は、本土復帰を強く希望していました。１９６５年、沖縄返還を公約としていた佐藤栄作首相が自民党総裁に選ばれ、返還協議が本格化しました。

１９６９年１月、ニクソン大統領が就任し、同年11月には「佐

藤・ニクソン共同声明」で1972年には沖縄が本土復帰することが発表されました。そして1971年6月17日、「琉球諸島及び大東諸島に関する日本国とアメリカ合衆国との間の協定」、いわゆる沖縄返還協定が調印されました。この協定は、アメリカ議会及び日本の国会で同年11月にそれぞれ承認されたうえ、1972年3月に批准書を交換し、同年5月15日、沖縄は返還されました。

沖縄返還の交渉の背景として、日米間の繊維問題がありました。アメリカでは、ニクソン大統領が、日本の化学繊維のアメリカへの輸出を規制することを公約して大統領に選出されていました。私は、繊維交渉を担当していたのですが、交渉相手だったソロモン国務次官補がニクソン当選後、私を食事に誘って「私は辞めるが、ニクソン大統領は対日規制をすることを公約しているから相当厳しい要求をしてくるだろう」と忠告してくれたほどです。アメリカ議会の中にも、「繊維交渉をまとめないまま、ベトナム特需で莫大な利益を得ている日本にいま、沖縄を返還する必要はない」という声もあがっていたのです。佐藤首相は、沖縄返還の見返りに化学繊維の輸出規制を実現しようとし、大平正芳、宮沢喜一という大物を通産大臣に選任してアメリカ及び日本の繊維業界と交渉させましたが、日本の業界の組織的反対運動で実現しませんでした。そこで、佐藤首相は、田中角栄を通産大臣に選任し、田中角栄は織機を政府が買い上げるという方法で業界を説得して、1972年、ようやく自主規制を実現したのです。

ニクソン大統領は、同年6月に沖縄返還協定を調印したにもかかわらず、繊維交渉がまとまらなかったための報復としてでしょうか、1971年7月、キッシンジャー大統領特別補佐官を秘密裏に中国に送ったうえ、同補佐官に同月15日、ニクソン大統領が翌年2月に中国を訪問すると発表させ、日本が目指していた中国との国交正常化一番乗りを阻止するとともに、同年8月15日、ドルと金との交換停止を宣言しました。この二つのニクソンショックの背景には、ベトナム戦争によるアメリカの財政の危機がありましたが、ベトナム戦争で特需を謳歌していた日本に対する報復的意味合いもあったと思うのです。

沖縄返還は、佐藤ニクソン共同声明(1969年11月)で発表された後、ベトナム戦争によりアメリカの財政危機が拡大するとともに、このとおり、日米繊維交渉が暗礁に乗り上げるという予定外の出来事に翻弄されることになったわけです。

私自身、1971年にアメリカ局長に就任してから、沖縄返還の詰めの交渉を担当したのですが、日本側には、本来アメリカが負担すべき費用を日本が出費することは困難となっていた一方、アメリカ側も沖縄基地関係での出費は議会を通過しない状況でしたので、のちに発生したラジオ局「ヴォイス・オブ・アメリカ」(以下、「VOA」と言います)の移転費用(1600万ドル)や土地補償費(400万ドル)について、どちらがどのように負担するかという点が問題となったのです。

3　甲第1号証について

この文書の左下のBYというイニシャルは私が書いたもので間違いありません。この文書は、米軍が使用していた土地について補償するためにかかる費用として400万ドルを日本が負担するというものです。

この補償費なるものは、沖縄が返還されるまでの間、アメリカが軍用地を地主に返還する際に原状回復費用として支払ってきたものでした。しかし、上述したとおり、アメリカ議会のなかには、沖縄返還について好感を持っていない議員がいたうえ、ベトナム戦争によって財政が逼迫した状況下では、さらなる補償費の支払いについては到底承認されない状況でした。

他方、日本側も補償費については、従前からアメリカが支払ってきた関係で、返還前に発生したものを負担することは困難でした。特に、佐藤首相が、「沖縄は無償で返ってくる」と発言していましたので、日本がアメリカに代わって支払うということは、難しかったのです。

ところが、予算を出す大蔵省の柏木雄介財務官から、日本側が負担することで処理をしてほしいと要請されたのです。

そもそも、大蔵省の主導で決まっていた沖縄返還に伴う日本側の負担のうち、返還協定に盛り込まれることが決まっていた日本のアメリカに対する支払額は3億2000万ドルでしたが、そのうち7000万ドルは核撤去費用でした。核撤去のためにそんなに費用がかかるはずがなく、これはアメリカが自由に使えるものでした。したがって、その7000万ドルの一部を補償費の400万ドルに充てることは予算面では何の問題もないことだったのです。つまり、日本が渡した3億2000万ドルの一部400万ドルをアメリカが沖縄の市民への補償費に充てればよいのです。したがって、大蔵省が負担をしてよいというなら外務省としては反対する理由はありませんでした。

こうして、日本政府が対内的には3億2000万ドルには補償費は入っていないと説明しつつ、アメリカは、アメリカ議会を秘密会にして開催し、実際には、日本が負担することを説明するということになりました。

ところが、アメリカからは、議会に説明するためにそのことを認める覚書を作成するよう求められたのです。私としては、日本側が補償費を負担することはないと国会で明言しているため、そのような書面を作成することを当初渋ったのですが、アメリカ側は覚書についてアメリカ議会を秘密会にして示すという説明をしてきました。そこで、愛知揆一外務大臣も日本側が負担することを承諾してしまったのです。

こうして作成されることが決まった覚書が甲第1号証なのです。

アメリカ政府側の予算の立て方が問題として残っていたのですが、この点は、同国で１８９６年に制定された信託基金法によって、外国政府から受け取った資金を国務長官の権限で支出できることが可能となることから、その仕組みを利用すれば、日本政府から受け取った４００万ドルを信託基金として処理できることが分かったのです。

そのことが１９７１年6月9日付の福田外務大臣代理から発せられた公電に書かれています。この公電は、井川克一条約局長とスナイダー公使の間で同日、行われた協議について、当時、ＯＥＣＤの会議に出席するためにパリにいた愛知大臣に報告するために発出されたものです。愛知大臣は、パリでロジャース米国務長官と会談をすることになっており、事務方の協議を説明する必要があったのです。

この公電には、次のような記載があります。

⑴冒頭、米側より、鋭意検討の結果、１８９６年2月制定された「Disposition of trust funds received from foreign governments for citizens of U. S」に基づき、請求権に関する日本側の提案を受諾することが可能となったと述べた上次のとうり提案した。

(イ)日本側第４条第３項案に次のとうり追加する。

「Provided, however, that the total contribution to be made under provisions of this paragraph shall not exceed U. S. dollars 4 million」、

(ロ)前期「Trust Fund」設立のために、愛知大臣よりマイヤー大使宛に「日本政府は米政府による見舞金支払のための信託基金設立のため4百万米ドルを米側に支払うものである」旨の不公表書簡の発出を中要とする。本件書簡は米政府部内でGeneral Accountants に対する説明上必要とされる場合に提示するにとどめられ、その場合も極秘資料として取扱うものであり、日本側に迷惑となるようなことはないことをassure したく、本件書簡がないと請求権に関する日本側の提案は受諾し得なくなる。

この公電の記載は前述した信託基金を利用した仕組みについてアメリカ側から説明されたこと報告するものです。

これを受けて、愛知大臣は、ロジャース国務長官との会談に臨みました。私もこの会談には出席しました。席上、愛知大臣が、ロジャース国務長官に、文書が公表されないものと考えてよいかという確認をしたところ、ロジャース国務長官は、議会との関係で発表せざるを得ない場合も絶無ではないと答えました。そこで、愛知大臣は、「本件書簡の表現振りについては、既に東京において一応合意に達した旨連絡を受けているが、これが公表される可能性があるというのであれば、表現も、よりしん重に考えたい」(私が6月9日に発信した公電の記載のまま)と回答したのです。

これに対し、ロジャース国務長官は「日本政府の立場も理解できるので、米側の法的な要件をみたしつつ、日本側の立場をも配

慮した表現を発見することは可能と思う」（同上）と述べました。

結局、愛知大臣ではなく、事務方の責任者である私が確認文書に署名することで話がまとまり、私が甲第1号証に署名することになったのです。パリから帰国後まもなくの6月12日、外務省本省の局長室で署名したと思います。

この400万ドルが実際にどのように使われたのかは、私には分かりません。3億2000万ドルの中で処理されたので、特別な予算措置は不要だったのではないでしょうか。米側がいかに使ったかについては、大蔵省、あるいは米軍の施設について所管している防衛施設庁は把握しているかもしれませんが、外務省はアメリカが400万ドルを実際に使ったかどうかまで確認する必要はありません。

この文書については、局長室で署名したのですから、写しはとったと思います。ただし、その後、その写しをどのように保管したのかは分かりません。また、前述のとおり、アメリカが自国の議会を通すために必要なもので、日本では不要なものでしたから、日本語版は作成していません。

4　甲第3号証について

この文書も私とスナイダー公使が署名したもので、VOAの移転について合意されたものです。イニシャルはありませんが、米側の文書のリストには、私とスナイダー公使が署名したことが書かれていますから、おそらく、コピーをするときに欠落したのだと思います。

このVOAに関する交渉は大変でした。日本には電波の自主権がありますから、外国の放送局を沖縄に残すわけにはいかなかったのです。そこで、5年後には移転するように交渉したのですが、アメリカ側はなかなか承諾しなかったのです。交渉成立後も、アメリカは、移転先について、フィリピンやマレーシアなど数カ国と協議して、なんとかフィリピンにお金を出して承諾させたと聞いています。

実は、VOAは、単なる放送局ではなく、諜報機関なのです。スナイダー公使は、当時、対岸の中国の兵隊の靴音まで聞こえるのだ、と言っていました。

そういう施設なのでアメリカは移転させることを簡単には承諾しなかったのでしょう。それを5年後にどこかへ移転させるという交渉をしたわけです。これが私が担当した交渉の中では一番難しかったのです。結局、移転費用として1600万ドルを限度に日本が負担することで決着したわけです。

1971年5月28日付の愛知大臣発信の公電は、愛知大臣とマイヤー在日大使の会談を報告するものですが、「大使より、（イ）VOA条文は現在までの妥協案に細部の文言の変更を加えれば受諾可能と思う」と記載されているのは、そのことを示しています。

この文書については、6月11日に局長室で署名しました。写しもとったと思います。

ただし、この写しについてもその後、どのように保管したのかは分かりません。

5　甲第5号証について

この文書は、前述した柏木財務官がアメリカ側のカウンターパートであるジューリック財務長官特別補佐官と合意したものだと思います。私は当時、この文書を見たことがありません。この文書を初めて見たのは、アメリカの公文書館で発見されたと新聞報道があったときです。

この文書に記載されている内容の真偽については、分かりません。

ただし、この文書の4項に記載された通貨を交換するための資金については、当時、ベトナム戦争の最中で日本の特需が増え外貨が貯まりすぎていたため、大蔵省は沖縄で流通していたドルを円に返金した結果、手元に残る多額のドルをアメリカへ送金すれば、円がいくらかでも安くなるということを考えて、アメリカ側の要求を飲んだのかもしれません。これは推測です。

6　合意の存在を認めたことについて

私は、アメリカ局長だった当時、国会で、400万ドルの合意(甲第1号証)についてその存在を否定しました。その後、甲第1号証を裏付ける電信文が横路孝弘議員から示されました。当時、外務省は、記録を残すために、電信文を活用していたのですが、そのうちの一部が横路議員に渡ったようでした。結局、その横路議員へ渡された電信文は、安川荘外務審議官の秘書が新聞記者に渡したものであることが分かりました。

その件が刑事事件になった後も、私は、沖縄返還がスムーズに行われるように、合意の存在を否定し続けたのです。当時はそういうことが許される時代でした。

しかし、アメリカ側で文書が公開されるようになり、私は事実と違うことを主張し続けることに疑問を感じるようになりました。

そこで、まず、政策研究大学院大学のオーラルヒストリー(甲第12号証)で事実を述べました。これは広く公開することが前提とされているものではありませんでした。

その後、北海道新聞の記者をはじめ多くの記者からアメリカの公文書について質問をされるようになり、私はそういう際も記憶に基づいて事実を答えるようにしました。

外交交渉は場合によっては秘密裏に行われることが多く、その交渉が継続している間、そして、それ以後何年間かは、秘密にする必要があることもあります。それらがすべて密約といえば、いえるわけです。

しかし、秘密交渉も一定期間を過ぎれば、原則として公開するべきだと考えます。もちろん、秘密にする必要が大きいものがあり、それらについては公開することはできないでしょう。アメリカでも公開されてはいないものはあると思われます。

　しかし、少なくとも、相手国が公開したような文書まで秘密にする必要はない、そう考えて事実をお話ししています。

資料⑨
普天間基地のグァム移転の可能性について

2009年11月26日、衆議院第二議員会館において、与党国会議員に対して伊波洋一宜野湾市長が行った発言。

1　海兵隊のグァム移転が司令部中心というのは間違い。沖縄海兵隊の主要な部隊が一体的にグァムへ移転する。普天間飛行場の海兵隊ヘリ部隊も含まれる。

●「再編実施のための日米のロードマップ」（2006年5月1日）は次の通り。

「約8000名の第3海兵機動展開部隊の要員と、その家族約9000名は、部隊の一体性を維持するような形で2014年までに沖縄からグアムに移転する。移転する部隊は、第3海兵機動展開部隊の指揮部隊、第3海兵師団司令部、第3海兵後方群（戦務支援群から改称）司令部、第1海兵航空団司令部及び第12海兵連隊司令部を含む。」

「沖縄に残る米海兵隊の兵力は、司令部、陸上、航空、戦闘支援及び基地支援能力といった海兵空地任務部隊の要素から構成される。」

同時に、V字型の1800メートルの滑走路を持つ普天間飛行場代替施設についても2014年までの建設の完成を目標とすることが合意された。

●2006年7月に、米太平洋軍司令部は、「グアム統合軍事開発計画」を策定し、同年9月にホームページに公開した。その中で「海兵隊航空部隊と伴に移転してくる最大67機の回転翼機と9機の特別作戦機CV―22航空機用格納庫の建設、ヘリコプターのランプスペースと離着陸用パッドの建設」の記述。すなわち普天間飛行場の海兵隊ヘリ部隊はグアムに移転するとされた。宜野湾市では、この開発計画を2006年9月公開と同時に入手して翻訳して市ホームページ上で公開した。

●この「グアム統合軍事開発計画」について、宜野湾市としては普天間基地の海兵隊ヘリ部隊がグアムに移転する計画であるとしてきたが、前メア米国沖縄総領事は、紙切れにすぎないと言い、司令部機能だけがグアムに行くのだと主張した。しかし、この三年間この計画に沿ってすべてが進行しており、先週11月20日に、同計画に沿った「沖縄からグアムおよび北マリアナ・テニアンへの海兵隊移転の環境影響評価／海外環境影響評価書ドラフト」が公開された。ドラフトは、9巻からなり、約8100ページに及ぶが，概要版（Executive Summary）、及び第二巻「グアムへの海兵隊移転」と第三巻「テニアンへの海兵隊訓練移転」において、沖縄からの海兵隊移転の詳細が記述されている。海兵隊ヘリ部隊だけでなく、地上戦闘部隊や迫撃砲部隊、補給部隊までグアムに行くことになっている。

●2007年7月に、沖縄本島中部の10市町村長でグアム調査を行った。その際に、グアムのアンダーセン空軍基地副司令官に沖縄の海兵隊航空部隊の施設建設予定地を案内され「65機から70機の海兵隊航空機が来ることになっているが、機数については動いていて確定していない」との説明を受けた。

●2008年9月15日に、海軍長官から米国下院軍事委員会議長に国防総省グアム軍事計画報告書として「グアムにおける米軍計画の現状」が報告された。その中で沖縄から移転する部隊名が示されており、沖縄のほとんどの海兵隊実戦部隊と、岩国基地に移転予定のKC130空中給油機部隊を除いて、ヘリ部隊を含め普天間飛行場のほとんどの関連部隊がグアムに行くと示された。米海兵隊第1海兵航空団で図示すると黄色で表示した10部隊。

●2009年6月4日に米国海兵隊司令官ジェイムズ・コンウェイ大将が上院軍事委員会に「米国海兵隊の軍事態勢」に関する報告書を提出し、沖縄からグアムへの海兵隊の移転を評価して次のように記述している。

Defense Policy Review Initiative（DPRI）日米再編協議の重要な決定事項の一つは、約8000人の海兵隊員の沖縄からグアムへの移転である。これは、沖縄で海兵隊が直面している、民間地域の基地への侵害（encroachment）を解決するためのものである。

グアム移転により、アジア・友好同盟国との協働、アメリカ領土での多国籍軍事訓練、アジア地域で想定される様々な有事へ対応するのに有利な場所での配備、といった新しい可能性が生まれる。

適切に実施されれば、グアムへの移転は即応能力を備えて前方展開態勢を備えた海兵隊戦力を実現し、今後50年間にわたって太平洋における米国の国益に貢献することになる。

グアムや北マリアナ諸島での訓練地や射撃場の確保が、海兵隊のグアム移転の前提であり必須条件である。

補足説明：侵害（encroachment）は、米国内での住民地域と基地の関係を表現するときによく使われる表現である。既存の基地が不動産開発などによって住宅地等が接近してくることで、基地の活動に支障をきたすことに繋がり、基地への脅威となる状況。

2　なぜ、司令部だけがグアムに行くとされてきたのか。

理由は、1996年のSACO合意だった海兵隊ヘリ部隊の辺

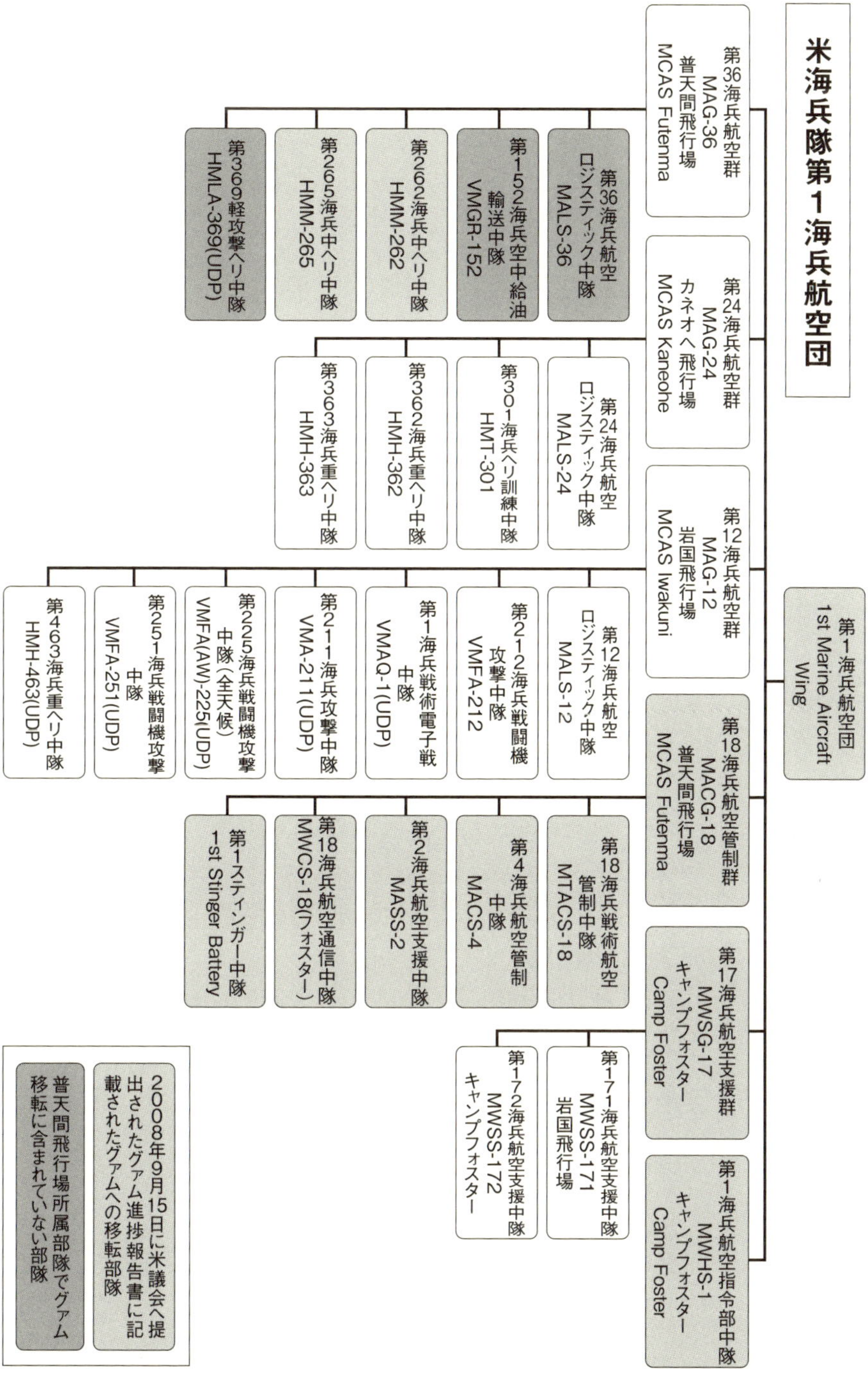
米海兵隊第1海兵航空団
第1海兵航空団 1st Marine Aircraft Wing
第36海兵航空群 MAG-36 普天間飛行場 MCAS Futenma
第36海兵航空ロジスティック中隊 MALS-36
第152海兵空中給油輸送中隊 VMGR-152
第262海兵中ヘリ中隊 HMM-262
第265海兵中ヘリ中隊 HMM-265
第369軽攻撃ヘリ中隊 HMLA-369(UDP)
第24海兵航空群 MAG-24 カネオヘ飛行場 MCAS Kaneohe
第24海兵航空ロジスティック中隊 MALS-24
第301海兵ヘリ訓練中隊 HMT-301
第362海兵重ヘリ中隊 HMH-362
第363海兵重ヘリ中隊 HMH-363
第12海兵航空群 MAG-12 岩国飛行場 MCAS Iwakuni
第12海兵航空ロジスティック中隊 MALS-12
第212海兵戦闘機攻撃中隊 VMFA-212
第1海兵戦術電子戦中隊 VMAQ-1(UDP)
第211海兵攻撃中隊 VMA-211(UDP)
第225海兵戦闘機攻撃中隊（全天候） VMFA(AW)-225(UDP)
第251海兵戦闘機攻撃中隊 VMFA-251(UDP)
第463海兵重ヘリ中隊 HMH-463(UDP)
第18海兵航空管制群 MACG-18 普天間飛行場 MCAS Futenma
第18海兵戦術航空管制中隊 MTACS-18
第4海兵航空管制中隊 MACS-4
第2海兵航空支援中隊 MASS-2
第18海兵航空通信中隊 MWCS-18(フォスター)
第1スティンガー中隊 1st Stinger Battery
第17海兵航空支援群 MWSG-17 キャンプフォスター Camp Foster
第171海兵航空支援中隊 MWSS-171 岩国飛行場
第172海兵航空支援中隊 MWSS-172 キャンプフォスター
第1海兵航空指令部中隊 MWHS-1 キャンプフォスター Camp Foster
2008年9月15日に米議会へ提出されたグアム進捗報告書に記載されたグアムへの移転部隊
普天間飛行場所属部隊でグアム移転に含まれていない部隊

野古移転のイメージを基にした国会審議での答弁や、米国政府関係者の意図的な「発言」だけが報道され、２００６年5月の「再編実施のための日米ロードマップ」合意に基づいて太平洋米軍司令部が策定した「グアム統合軍事開発計画」と実行されている同計画に基づく環境影響評価などの「事実」は報道もされず、検証もされなかったことによる。

日本政府は、意図的に同計画について米国に照会することをせず、日米両政府は「グアム統合軍事開発計画」について「正式な決定ではない」として詳細は未定と押し通してきた。その結果、国会での答弁や日米政府関係者の発言は、「グアム統合軍事開発計画」について踏み込まず、２００５年10月の「日米同盟：未来のための変革と再編」の合意の時点に固定されたままになった。結果的に、「発言や答弁」の報道に終始するマスコミの報道も同様となり、現在進行している「事実」は、国会議員にも政府関係者にも、国民にも共有されていない。

「日米同盟：未来のための変革と再編」（２００５年10月）の記述

○第3海兵機動展開部隊（ⅢＭＥＦ）司令部はグアム及び他の場所に移転され、また、残りの在沖縄海兵隊部隊は再編されて海兵機動展開旅団（ＭＥＢ）に縮小される。この沖縄における再編は、約７０００名の海兵隊将校及び兵員、並びにその家族の沖縄外への移転を含む。これらの要員は、海兵航空団、戦務支援軍及び第3海兵師団の一部を含む、海兵隊の能力（航空、陸、後方支援および司令部）の各組織の部隊から移転される。

（この時点でグアムへの全部移転は明確になっていない。約７０００名は、ハワイ、グアム、本土各地に分散配置を検討した模様。）

「再編実施のための日米ロードマップ」（２００６年5月）の記述

○約８０００名の第3海兵機動展開部隊の要員と、その家族約９０００名は、部隊の一体性を維持するような形で２０１４年までに沖縄からグアムに移転する。

○沖縄に残る米海兵隊の兵力は、司令部、陸上、航空、戦闘支援及び基地支援能力といった海兵空地任務部隊の要素から構成される。

（第3海兵機動展開部隊全体が、沖縄からグアムに移転することになった。）

３　最近の国会委員会での質疑及び参考人発言と政府答弁

171 - 衆 - 外務委員会 - 7号 平成21年04月08日

○西原参考人　（財団法人平和・安全保障研究所理事長）（途中省略）

二番目の利点。沖縄に残る海兵隊の兵力は六千名から一万名となりますけれども、司令部、陸上、航空、戦闘支援及び基地支援能力は残ることになります。グアムに移転するのは主として司令部機能でありまして、即応性の高い強力な実戦部隊は沖縄にとどまることになります。

171-参-外交防衛委員会-9号 平成21年04月21日

○佐藤正久君　（途中省略）　沖縄からグアムの方に行く海兵隊の部隊の種類、これをお聞かせください。

○政府参考人（梅本和義君）　これは、沖縄からグアムに移る海兵隊につきましては、ロードマップにおいても移転する部隊として、第三海兵機動展開部隊の指揮部隊、第三海兵師団司令部、第三海兵後方群、これは戦務支援群から改称されたものでございますが、司令部、第一海兵航空団司令部及び第一二海兵連隊司令部を含むということでございます。

○佐藤正久君　要は、大きなⅢMEFと言われる部分の司令部、その下の師団の司令部、その下の連隊の司令部、後方支援連隊の司令部、そして航空兵団の司令部と、司令部機能の部分が移動するというロードマップにおける理解だと思いますけれども、ということはやっぱり、昨日の実は委員会での視察においても向こうから説明があったのは、今度は残る部隊はMEFという機動展開部隊のレベルから二つ下のMEBレベルに下がるんです、二つ下のMEBに下がるんですという説明がございました。（途中省略）残る部隊の主要なもの、これについてお聞かせください。

○政府参考人（梅本和義君）　残る部隊の主要なものは、まさにMEB規模に再編されるわけでございますけれども、その中にキャンプ・ハンセン、キャンプ・シュワブにおりますこれは砲兵連隊それから歩兵大隊等、それから普天間におります海兵隊の航空部隊、そういうようなもの、それからもちろんMEBに規模は縮小されますけれども、そのための司令部機能等を持ったもの、それから、やはりまだ縮小されたものとして後方支援、兵たんを担当するユニットというものも残るというふうに承知をしております。

171-参-外交防衛委員会-11号 平成21年05月12日

○参考人（川上高司君）　拓殖大学の川上でございます。（途中省略）

普天間基地には、ヘリ基地機能、それから空中給油の機能、緊急時の代替基地の機能の三つの機能があるわけですが、このうち、ヘリ基地機能、緊急時の代替基地機能は、大浦湾からキャンプ・シュワブ南岸部地域の代替施設に移転されます。（途中省略）

次に、抑止力の維持という観点から申し上げます。これは、なぜ実戦部隊の第31海兵遠征隊、31MEUが残されたかということに対する答えになります。31ＭＥＵの想定される任務は、朝鮮半島危機、台湾海峡への抑止と初動対応、対テロ作戦の実施、災害救助、民間人救出作戦などが考えられるわけであります。31ＭＥＵは、最大四隻の強襲揚陸艦で出動し、歩兵大隊、砲兵大隊混成の航空部隊及びサポートグループなどのエレメントで構成されるわけですが、各エレメントは平時は一つの駐屯地に集結しているわけではなく、緊急時になりましたら一つの部隊として集結し出動いたします。したがいまして、それぞれのエレメントが離れた場合、集結するまでに時間が掛かり、即応性が低下してしまいます。また、特にヘリ部隊の役割が大きく、歩兵とヘリを分散化することは困難になるわけであります。（途中省略）朝鮮半島有事や台湾海峡有事の際の邦人救出作戦、他国の軍隊が宮古、石垣、尖閣などの先島諸島に上陸を試みようとする場合には、一日、二日の遅れが致命傷となるわけであります。したがいまして、31ＭＥＵが県外移転された場合抑止効果は著しく低下することになるため、31ＭＥＵは日本の抑止力維持のために沖縄に駐留する必要があるわけであります。（途中省略）このロードマップが決まりました当時、私は海兵隊司令部でグッドマン海兵隊司令官にインタビューをしました。グッドマン海兵司令官は、抑止力を維持しながら大幅な在沖縄海兵隊を削減せよとの難題を命じられて随分頭をひねった結果、実戦部隊を沖縄に残すことにより抑止力を維持し、モビリティーのある司令部機能をグアムへ移転させることにより沖縄地元からの負担軽減をするように決断したという具合に述べておりました。

●指摘のＭＥＢ、31ＭＥＵの沖縄配備は困難

沖縄海兵隊の実戦投入部隊である第31海兵遠征部隊（31ＭＥＵ）を沖縄に残すことは困難ではないかと思う。「沖縄からグアムおよび北マリアナ・テニアンへの海兵隊移転の環境影響評価／海外環境影響評価書ドラフト」が公開された「グアム統合軍事開発計画」は、アプラ海軍基地での海兵隊港湾施設整備計画を包含しており、佐世保の強襲揚陸艦エセックス、ドック型揚陸艦ジュノー、ドック型揚陸艦ジャマンタウン、ドック型揚陸艦フォートマックヘンリー、の停泊施設も整備される。今回の沖縄からのグアムへの海兵隊の移転は、第3海兵機動展開部隊、第3海兵師団、第1海兵航空団、第3海兵兵站群、第3海兵遠征司令部群など、沖縄の主要な海兵隊要素の全体としてのグアム移転であり、その隷下の部隊から選抜して編成する第3海兵遠征旅団や第31海兵遠征隊は、当然にグアムにおいて編成されて、アプラ軍港からエセックス、ジュノー、ジャマンタウン、フォートマックヘンリーに乗り込むことになると思う。積み込まれる装備も当然にグアムに移っており、アプラ軍港から積み込まれる。

２００５年10月の「日米同盟：未来のための変革と再編」では、第三機動展開部隊司令部だけがグアムに移り、残りの沖縄海兵隊

部隊は海兵機動展開旅団（ＭＥＢ）となる予定だったが、全体がグアムに移転するので旅団規模にはならずより小規模となる。２０１４年以降は、沖縄はグアムからの演習先として位置づけられるのではないか。

（沖縄に残るとされる海兵隊員定数は、今のところ空（から）定数であり、実働部隊ではない）

４　それでは、辺野古沿岸に海兵隊飛行場を建設する必要があるのか。

●普天間飛行場代替施設建設の経緯

１９９６年12月　ＳＡＣＯ合意　（海上へリポート）

（普天間飛行場のへリ部隊が沖縄に留まることが前提）

○普天間飛行場のへリコプター運用機能を移すための撤去可能な１３００メートル滑走路を有する１５００メートルの海上施設の建設。

○岩国飛行場への12機のＫＣ１３０機の移駐。

○普天間飛行場の航空機、整備及び後方支援に係る活動で、海上施設又は岩国飛行場に移転されないものを支援するための施設を嘉手納飛行場に整備。

２００２年７月　ＳＡＣＯ合意に基づく沖合の軍民共用代替施設建設の閣議決定

（普天間飛行場のへリ部隊が沖縄に留まることが前提）

○滑走路の数は１本、長さは、２０００メートルとする。面積は最大約１８４へクタールとする。代替施設本体は、長さ約２５００メートル、幅約７３０メートルとする。

○代替施設の建設は、埋立工法で行うものとする。

○建設場所は、辺野古集落の中心（辺野古交番）から滑走路中心線までの最短距離が約２・２キロメートル。

２００４年７月、日米再編協議始まる。

２００４年８月、米軍大型へリが宜野湾市内大学本館に墜落炎上。

２００５年10月「日米同盟：未来のための変革と再編」を２＋２で合意

（普天間飛行場のへリ部隊を含め、海兵隊旅団が沖縄に留まることが前提）

○（日米）双方は、普天間飛行場代替施設は A 普天間飛行場に現在駐留する回転翼機が、日常的に活動をともにする他の組織の近くに位置するよう、沖縄県内に設けなければならないと結論づけた。

○キャンプ・シュワブの海岸線の区域とこれに隣接する大浦湾の水域を結ぶＬ字型に普天間代替施設を設置する。

○滑走路及びオーバーラン合計の長さが1800メートル。格納庫、整備施設、燃料補給用の桟橋及び関連設備は、大浦湾に建設される予定の区域に置かれる。
○SACO岩国飛行場への移駐とされたKC130は、鹿屋基地が優先して検討される。
○緊急時に新田原基地及び築城基地の米軍の使用を強化。運用施設を整備。
2006年5月「再編実施のための日米ロードマップ」を2+2で合意
（普天間飛行場のヘリ部隊を含めて沖縄の海兵隊はグアムへ移転する）
○普天間飛行場代替施設を辺野古岬と隣接する大浦湾と辺野古湾の水域を結ぶ形で設置し、V字型に配置される2本の滑走路はそれぞれ1600メートルの長さと2つの100メートルのオーバーランを有する。滑走路の長さは1800メートル。
○普天間飛行場の能力を代替するために、新田原基地及び築城基地の施設整備。
○民間施設の緊急時の使用を改善するために適切な措置。（以上。）
以上に、経過を述べたが、普天間飛行場代替施設建設が必要とされた理由は、2005年10月の「日米同盟：未来のための変革と再編」に記述されたように、（日米）双方は、普天間飛行場代替施設は、普天間飛行場に現在駐留する回転翼機が、日常的に活動をともにする他の組織の近くに位置するよう、沖縄県内に設けなければならないと結論づけた、に尽きる。

これまでも、普天間飛行場のヘリ代替施設は、地上部隊と連動して活動する以上、地上部隊のいる地域から動かすことは困難であると国は説明してきた。

平成21年05月12日の川上高司参考人の発言も同様な考え方である。
○参考人（川上高司君）（拓殖大学海外事情研究所教授）
31MEUは、最大四隻の強襲揚陸艦で出動し、歩兵大隊、砲兵大隊混成の航空部隊及びサポートグループなどのエレメントで構成されるわけですが、各エレメントは平時は一つの駐屯地に集結しているわけではなく、緊急時になりましたら一つの部隊として集結し出動いたします。したがいまして、それぞれのエレメントが離れた場合、集結するまでに時間が掛かり、即応性が低下してしまいます。また、特にヘリ部隊の役割が大きく、歩兵とヘリを分散化することは困難になるわけであります。

また、同参考人が「31MEUが県外移転された場合抑止効果は著しく低下るすことになるため、31MEUは日本の抑止力維持のために沖縄に駐留する必要があるわけであります。」と述べているように、沖縄に31MEUを駐留させなければ、抑止力維持ができないとする考えも根強い。

しかし、米国は、「グアム統合軍事開発計画」の実施は、日本のための抑止力の強化に繋がることを力説している。沖縄海兵隊の要である第31海兵遠征部隊（31ＭＥＵ）についても、米国は当初からグアム移転の可能性をグアム準州政府に示している。現在取り組まれている環境影響評価が認可されてグアム統合軍事開発計画が実施されれば、31ＭＥＵはグアムに移ることになる。そのことを是認して、海兵隊のグアム移転を沖縄の負担軽減につなげることが必要だ。

鳩山新政権は、辺野古代替施設建設が必要とされる前提が、２００５年10月の「日米同盟：未来のための変革と再編」のまま、住民地域の飛行を避けるためのＶ字型案の選択と沖合いへの50～１００メートルの移動の議論に終始してきたことを見直し、２００６年５月の「再編実施のための日米ロードマップ」合意を、沖縄の海兵隊がグアムへ移転する実像から検証して、普天間飛行場代替施設としての辺野古新基地建設を見直し、建設を中止すべきである。

５　辺野古の普天間代替施設に、米海兵隊総司令官も見直しを求めている。

２００９年６月４日の上院軍事委員会で、米海兵隊総司令官ジェイムズ・コンウェイ大将が普天間代替施設についての質疑に次のように答えた。

「この海兵隊移転は４年ごとの国防見直し（ＱＤＲ）で、他の海外施設と同様に、調整の必要性やコストなど一連の課題が検討されます。普天間代替施設の質（クォリティー）やその他すべてについて、きちんと検討するので、この計画についてもＱＤＲで勧告がでると思います。」

「検討に値する修正案はあります。計画の要のひとつ、普天間代替施設ですが、完全な能力を備えた代替施設であるべきなのですが、沖縄では得られそうもありません。グアムやその周辺の島々、その他アジア太平洋地域での訓練地確保は懸案事項です。ですので、海兵隊が納得し合意するまで検討し、必要なら日本政府と交渉しなければならない、いくつかの課題はあります。」と。

●以下は、関連する参議院外交防衛委員会の質疑。

１７１‐参‐外交防衛委員会‐17号 平成21年06月09日

○佐藤正久君　（途中省略）今月四日のアメリカ上院の軍事委員会の公聴会におきまして、海兵隊の総司令官のコンウェー大将の方が在沖海兵隊のグアム移転、あるいは普天間の代替飛行場等について修正をすべきではないかという旨の発言があったというふうに報道がされていますけれども、この発言の骨子について外務省の方にお伺いしたいと思います。

○政府参考人（梅本和義君）　ただいま御質問ございましたように、米上院軍事委員会の公聴会におきまして、海兵隊のコンウェー総司令官がグアム移転、それから普天間等について発言をされております。（途中省略）一つは、海兵隊の移転についても、四年ごとの国防政策の見直しの中で、（途中省略）検討がなされると見る方が安全であろうというようなことを言っておられまして、その中でまた、訓練や普天間代替施設の質といった、（途中省略）その他の問題についてもしかるべき検討がなされるであろうということを言っておられます。また、考慮に値すると考えられる修正点があり、幾つかのかなめとなる分野があると。普天間代替施設が、（途中省略）その能力を完全に代替する能力を持つ必要があるというようなこと。また、グアム、その周辺の島々、そしてアジア太平洋のその他地域における訓練の機会についても懸念があるんだと、こういうことを御発言になっているというふうに承知をしております。

○国務大臣（中曽根弘文君）　政府といたしましては、アメリカのコンウェー海兵隊総司令官の発言、これの意図するところ、これは私どもが正確に知るところではありませんし、また、それを私たちが説明する立場にもないわけでありますけれども、米軍再編に関しましては、もうこれはロードマップ、これに基づいて着実に実施していくということで、日米両政府は、これは再三閣僚レベルでも首脳レベルでも確認をしていることでございます。今お話あったＱＤＲでこの移転事業を見直すと、そういうような予定であるということも承知はしておりません。

6　「グアム統合軍事開発計画」について、今年４月に外務委員会に報告。

１７１ - 衆 - 外務委員会 - ７号 平成21年04月08日

○伊波参考人　おはようございます。沖縄県宜野湾市長の伊波洋一でございます。（途中省略）

宜野湾市では、米軍再編の流れについて、数年にわたり、国内だけでなく米国内の動きに注視し、要請行動や調査を行ってきました。以下にその概要を述べますが、その内容は、当初から詳細な計画案が示されてきました。最終的に、環境影響報告書の出そろう２０１０年当初に確定するものと思われます。

グアム移転の一方の当事者である米国では、米太平洋軍司令部が、２００６年７月に策定中のグアム統合軍事開発計画を同年九月に公表しました。その内容は、重要部隊のグアム到着を２０１０年以降になるとしつつも、具体的な部隊構成や移転の順位まで示しました。その内容は、実戦部隊を含むもので、演習地、訓練地の詳細な検討も求めていました。

２００７年７月に沖縄県中部市町村会の市町村長10名でグアム調査を行い、グアム統合計画室とアンダーセン空軍基地の責任者から説明を受けて、移転予定地の視察も行ってきました。詳細は資料のとおりですが、本市の抱える普天間基地の海兵隊航空戦闘部隊についても、アンダーセン空軍基地の受け入れ予定地を案内され、65機から70機の航空機と１５００名の海兵隊航空戦闘部隊員が沖縄からアンダーセン基地に来る予定と説明されました。グアム統合計画室とアンダーセン基地の二カ所の説明で、沖縄からの海兵隊のグアム移転は、米軍のアジアを含む軍事的抑止力の強化につながることも強調していました。

その後も米国で幾つものレポートが出されましたが、ほぼ同じ内容です。最新のものとしては、２００８年9月15日に、国防総省が海軍長官の報告書として連邦議会下院軍事委員会に提出した、国防総省グアム軍事計画報告書があります。

その中で、普天間基地の中型ヘリ部隊を含めて、具体的に部隊名を挙げて説明しています。現在、普天間飛行場とキャンプ瑞慶覧に常時駐留している海兵隊航空関連部隊では、ＫＣ１３０部隊関連を除いて、全部隊名がそのリストで、グアムに移転する海兵航空司令部要素として挙げられています。ロードマップでも、八千名の部隊は一体的にグアムに移転するとされていることから、私は、普天間基地の航空部隊は、ＫＣ１３０を除いて、グアムに移転するものと考えてきました。

グアムで増加する海兵隊員数は一万六百二十名とされていますが、内訳の少なくとも八千名は沖縄からの海兵隊員になるわけです。この人数は、常駐部隊数であり、一時駐留と区別されているもので、給付金や手当の受給資格を持つものとされています。ですから、先週委員会での議論があったような、幽霊定数人員がグアムに移転してくると太平洋軍やグアム群島政府が考えているとは思えません。

しかし、なぜ国は、沖縄からグアムに移転する８０００人は主として司令部関係で、実人数ではないと説明するのでしょうか。国として海兵隊のグアム移転に60・9億ドルを負担するのなら、米国防総省のリストにも挙げられているように、沖縄で負担の大きい実戦部隊の移転を優先すべきです。普天間基地についても、海兵隊航空部隊を一日も早くグアム等へ、国外に移転させて、危険性の除去を実現し、沖縄の負担軽減に結びつくようにすべきです。明らかに、政府の説明責任が果たされていないと思います。

7 「沖縄からグアムおよび北マリアナ・テニアンへの海兵隊移転の環境影響評価／海外環境影響評価書ドラフト」（抜粋仮訳） http://www.guambuildupeis.us/documents

２００９年11月　環境影響評価／海外環境影響評価ドラフト

グアム及び北マリアナ諸島軍事移転

（２—１ページ）

第２章　軍事活動計画案とその他の選択肢

2・1・1　活動案概要：グアムの海兵隊基地設置

活動計画案は、グアムに海兵隊作戦基地を設置するためのすべての必要な施設、訓練施設の建設及び当該施設の運用から成る。約8，600人の海兵隊員とその家族が沖縄からグアムへ移転する。約8，600人の海兵隊とは、移転部隊の隊員とその軍事任務のために必要な基地支援の隊員を含む。

以下の4つの軍事要素の移転が予定されている。

第3海兵遠征軍（MEF）の司令部要素。第3海兵遠征軍は、海兵隊の前方展開部隊である海兵空陸機動部隊（MAGTF）である。迅速に展開し人道的支援、災害救援から、水陸両用強襲及び高強度戦闘まで対処できる能力を備えている。MAGTFの司令部要素は主に司令部及び支援組織である。配置（コロケーション）と通信の連結性は施設設置の主要な要件。予定隊員数：3046人。

第3海兵師団部隊の地上戦闘要素（GCE）。GCEは、敵の居場所を突き止め、射撃、機動作戦、接戦で敵を破壊する任務を与えられている。歩兵、装甲車両、迫撃砲，偵察、対戦車等の戦闘装備を提供する。師団司令部と傘下の組織から成る。地上戦闘及び戦闘支援組織は、射撃場や訓練地、伝統的な基地支援施設の近くに配置されることが求められる。予定隊員数：1100人。

第1海兵航空団と付随部隊の航空戦闘要素（ACE）。ACEは、海上及び陸地にある様々な施設から海兵空陸機動部隊（MAGTF）の支援任務にあたる。強襲上陸やその後の作戦支援が重要な任務である。ACEは、海兵航空団司令部、遠征及び駐留部隊の支援組織から成る。飛行中隊とは違い、航空司令部や一般的な支援機能は飛行場や上位司令部の近くに置くことができるものの、必ずしも飛行場に配置する必要はない。予定隊員数：1856人。

第3海兵兵站グループ（MLG）の兵站戦闘要素（LCE）。地上戦闘部隊や航空戦闘部隊の能力を超えたすべての支援機能を提供する。機能は、通信、工兵、車両運搬、医療物資、整備、空輸、そして上陸支援である。LCEは、第3海兵兵站グループ司令部と支援組織から成り、MEFの残りの部隊に様々な直接的兵站支援を提供する。司令部機能は軍司令部や他の司令部の近くに設置する。LCEの間接的及び産業的支援施設は、支援活動がおこなわれる場所の近くに配置され、道路、港、飛行場への効率的なアクセスを確保し、最大限効率的な運用をはかる。予定隊員数は2550人。

以下の部隊と大まかな隊員数が、大規模な一時配備の部隊として予定されている。

●歩兵大隊（800人）　●迫撃砲兵隊（150人）
●航空部隊（250人）　●その他（800人）

（2―2ページ31行目）

以下は4つの施設機能である。

1.海兵隊宿営地機能
2.訓練機能
3.飛行場機能。提案されている海兵隊移設計画では、航空部隊と航空支援部隊を含み、そのための滑走路、格納庫、整備、物資、そして管理施設が必要である。現在のアンダーセン空軍基地で行っている運用と同程度で共存可能な航空搭載運用が必要とされる。航空搭載とは、荷物の積み下ろしや乗客の乗り降りを意味し、民間航空のターミナルと同様な機能である。
4.沿岸機能

（2—5ページ）

以下は、合理的な他の選択肢のない計画である。

●航空訓練は、現存の訓練エリアの使用可能な場所で行われる。航空訓練は、アンダーセン空軍基地、ノースウエストフィールド（NWF）、オロトポイント飛行場の舗装された滑走路で行われる。空対空、空対地訓練などの特別な訓練は、北マリアナ諸島及び国際空域の現存の飛行訓練エリアで行われる。改修工事を必要としない垂直昇降ゾーンはアンダーセンサウスやNMS（海軍基地）で確保する。

（2—50ページ）

2・3・1・5　航空訓練

2．3－3　計画案で投入される航空機と乗員

航空機の種類と機体数	乗員数	航続距離（nm）	航続時間
MV－22　（12機）	24	879	4時間
UH－1　（3機）	6	225	約2時間
AH－1　（6機）	12	350	3時間
CH－53E　（4機）	8	360	3時間（通常燃料タンク）

グアムへ移転してくる海兵隊に付随する航空訓練の種類と施設要件は2.3—2表で示している。グアムでの海兵隊航空訓練の要件は、2.3—3表の航空機と乗員数を基に評価している。現在の計画では、計25機の航空機と50人の乗員がグアムを本拠地とする（based）ことになる。

（2—68ページ）

2・4・1・1　航空戦闘要素（ACE）ベッドダウン（訓練施設以外の施設）

ACEベッドダウンは、常駐または一時配備の海兵隊航空機を支援するため作戦、整備、管理施設が必要とされる。

（2—71ページ）

2.4—2表は予想される航空機投入である。

（2—78ページ）

2.5　計画案：沿岸部機能

2.5・1　要件

2.5・1・1　概要

グアムへの海兵隊移転の結果、太平洋戦域での有事、人道活動及び訓練のため、グアムに駐留する海兵隊及び通過水陸両用部隊

2．4－2　航空機投入計画

要素	機体数	種類
常駐機：回転翼機（ヘリコプター）	12	MV－22（強襲輸送）（PCS）
一時配備：回転翼機	12	MV－22（輸送）（オスプレイ）
	3	UH－1（多目的）（ヒューイ）
	6	AH－1（攻撃）（コブラ）
	4	CH－53E
固定翼機（飛行機）	2	KC－130
	24	F／A18
	4－6	F－4（同盟国軍）

Table 2．5－1 水陸両用機動部隊艦船と水陸両用車及びボート

艦船	台数	常駐/一時配備	埠頭の長さ/要件（ft）	Draft（ft）
水陸両用車輸送艦				
強襲揚陸艦LHD	1	一時配備Visiting	1,044	28
揚陸艦LSD	1	一時配備Visiting	710	20
輸送揚陸艦LPD	1	一時配備Visiting	669	23
水陸両用車				
エアクッション揚陸艇LCAC	4	一時配備Visiting（艦船輸送）	該当なし	2.8t
汎用揚陸艇LCU	4	一時配備Visiting（艦船輸送）	該当なし	7（fully loaded）
水陸両用強襲車AVV	不定	一時配備Visiting（艦船輸送）	該当なし	6
AAV	14	常駐	該当なし	6
偵察用ボート				
RHIB/CRRC	2/8	常駐	該当なし	名目
護衛戦闘艦				
	2	一時配備Visiting	1,355	34
Guided Missile Destroyer（DDG）	2	一時配備Visiting	1,210	33

Legend: CRRC = combat rubber raiding craft; LCU = Landing craft utility; RHIB = rigid hull inflatable boat.

の水陸輸送を支援するため、搭載活動が頻繁に行われることになる。海軍水陸両用機動部隊と海兵遠征部隊（ＭＥＵ）は、伝統的にグアムへ寄港したり、グアムへ訓練に訪れる一時配備の部隊である。配備回数は作戦上の任務次第である。しかし、訓練のために一時配備される回数は、年に約2回ほどである。計画では、一時寄港回数は増加する見通しで、水陸両用機動部隊のグアム一時配備は作戦上の要件によるものの、海兵隊のグアム移転により年に2回から4回ほど増加する予定である。水陸両用部隊の構成は、任務により異なる。典型的な形としては、水陸両用作戦を支援するため水陸両用車、装備、隊員を輸送する3隻の艦船と、それを護衛する水上戦闘艦が4隻で構成される。さらに、海軍の対潜水艦及び攻撃部隊の水上、水面下装備が付随する場合もある。一時配備のＭＥＵと関連していない海兵隊と物資の、グアム、テニアン間の輸送は主に空輸で行われる予定である。

　計画案では、グアムを訪れるＭＥＵの訓練は年に少なくとも2回増加（年に計4回）し、1回の訓練は3週間行われる。マリアナ諸島での訓練計画や任務要件次第では、ＭＥＵは沖縄あるいはカリフォルニアからグアムへ配備され、テニアンへ行くか、あるいは戦術的艦船で直接テニアンへ入り機動訓練を行う選択肢もある。グアムでの訓練のため、航空機はアンダーセン空軍基地のノースランプで駐機し、水陸両用艦船の隊員と水陸両用艇はアプラ港で降ろされる。兵隊と装備はグアムの訓練／機動訓練エリアで野営する。護衛戦闘艦は、水陸機動部隊に同行する場合もあるし同行しない場合もある。

編集後記

「ちきゅう座」副編集長　合澤　清

かつて「希望は戦争」と言い切った若者に象徴されるように、今日私たちを取り巻く情勢は極めて深刻で未来の展望が見えないものといわざるをえません。自殺者数が12年連続で3万人を超えるような異常事態、しかも若者を含めての失業率は依然として高い水準にあります。政権交代直後の「セメントから人へ」といった新政権の大見えも、なんだかむなしい響きを残すのみでしかありません。

そして、このような社会の矛盾を直視し、えぐり出し、人々の前に提示し、広く公衆の批判的精神の高揚を期すべき役割であるはずの大手マスメディアは、逆に沈黙し、あるいは時流に掉さしながらあたりさわりのない報道に終始しているように見受けられます。

私たちがちきゅう座というささやかなメディアネットをたちあげた動機もこのような事情を勘案したからにほかなりません。

さて、今回このブックレットで取り上げる「沖縄と日米安保」の問題は、このような苛酷な現実を剔抉するための好素材であり、今日の事態を認識する上で欠かせない課題であると思います。

それは、第二次大戦後の日本の政治・経済・社会状況がよかれ悪しかれ米国との緊密な関係の中で推移してきたという歴史的経過があるからです。とりわけ政治的な面での両者の関わり方は、日本が米国の属国であるかと疑わせるほどの密着ぶりを示し、第三者的な目からは少々奇異に思えるほどです。

例えば、かつてよく指摘されましたように、歴代内閣の新組閣後の最初の公務は必ずといってよいほど米国詣、ワシントン詣から始まっています。また、先の米国大統領ブッシュが世界中の非難に背を向けながらユニラテラルに実行したアフガニスタン、イラク攻撃に対して、当時の小泉首相以下の歴代自民党内閣が終始一貫した支持を表明し、膨大な資金供与ばかりか、インド洋沖でのオイル供給によって戦争に加担したことは周知の事実です。

挙句の果てに、日本国内の米軍基地の経費を、「思いやり予算」などの形でその七割も日本側が負担しているという事実、これらを想起するだけでも充分その関係の歪さが判ります。

いや、今になって改めて「米国との対等の関係」が問題になっていること自体が、最も雄弁にこの間の事情を物語っているのではないでしょうか。

先ごろになってようやくその一端が衆目に明らかにされつつある「日米密約」問題は、つまるところこのような歪な「日米同盟」関係の中で「飯を食っている人々」（いわば、一種の「族」）の創出、現存と密接な関連があるように思われます。池田龍夫論文はこの点を丁寧な歴史的検証とともに鋭くえぐり出した労作です。

また一方で、米国がその建国以来、一貫して米国本土の安全と安泰、繁栄を第一課題として掲げ、そのための世界戦略を実行してきたことは、例えば古矢旬北大教授などの政治学者も指摘している通りでしょう（古矢旬著『アメリカ　過去と現在の間』岩波新書）。

それゆえ、戦後日本の特に政治・外交を語る時、米国の世界戦略との連関を合わせて考慮する必要があると思います。つまり、〈米国の世界戦略上における「日米安保体制」〉というのが「日米同盟」の本質に他ならないからです。

だからといって必ずしも「対米従属」という規定に賛同するつもりはありません。それは政治的には「アメリカの属国」であるかの卑屈なスタンスを取りながら、戦後の日本経済が日米貿易摩擦を引き起こし、あるいは「ジャパン・アズ・ナンバーワン」といわれたような米国経済をも揺るがしかねないほどの力を付けてきたことに明らかです。

しかも、ＥＵや中国経済の今日的台頭を目の当たりにするとき、米国の世界戦略といえども、それだけをひたすら強調すれば足りるというものでもないでしょう。すなわち、米国の世界戦略も情勢の変化の中で絶えず修正を余儀なくされているからです。そしてこの「米・世界戦略」の近年の新たな「ぶれ」こそが、従来の米軍による直接的な軍事派遣に代わる、当事国への自前負担の強要に他ならないと思えます。鈴木顕介論文が詳細に問題にしているのはこの米国の世界戦略の中で揺れる「日米同盟」の意義にあります。また「日米安保体制」の存立の根幹を問うています。

戦後の日本の矛盾を一身に背負ったものとして沖縄問題があります。一方で、沖縄は日本の領土（国土）であるから当然返還されるべきだといわれてきました。ところが他方では、かつての米占領軍司令官マッカーサーに対する昭和天皇の申し出に明らかなように、沖縄住民の苦悩を無視し、「自由に、いつまでも沖縄を使ってください」と沖縄住民へさらなる苦役を課する発言を平気で行う（詳細は新崎盛暉著『沖縄現代史』岩波新書をご参照下さい）。まさに沖縄は「領土」ではあるが「本土」ではない、ということなのでしょう。この結果、在日米軍基地の７割以上があの狭い沖縄に集中し、住民の生活を圧迫し続けていることは周知の事実です。沖縄からの声（安里英子、高良勉）はそのことを怒りをもって語っています。

かかる事態への民衆の批判的良識を代弁し、また私たちがちきゅう座を設立したその趣旨とも合致した議論を、かつてのマスコミ（新聞記者）経験をベースにして、内部から告発したものが柴田鉄治論文です。この中で詳しく論じられている大手新聞の論調の変化（変節？）は、日本の民主主義の将来に暗澹たる影を落とすものと危惧されます。

この論文の中でも触れられていますが、60年安保時代に朝日新聞の論説主幹だった笠信太郎は、新聞社に辞表を出した後の論文の中で、日本を戦争に導いた軍部支配を作り出した責任は、われわれマスコミ人がしっかりとものを言わなかったことにもある、という趣旨のことを書いていました。ここでもマスコミの「変節」に対する強い警告がなされていたように記憶しています。

大手マスメディアは「自主規制」という名目での報道の自殺行為をやめ、事態を直視し、正確に報道するといった当たり前の姿勢を取り戻すべきではないでしょうか。取り返しのつかない事態を招いたのちになって、再び「自己批判」をしてみてもどうにもならないからです。

最後に、われわれちきゅう座編集委員の無理な願いをお聞き下さり、お忙しい中を短時日で素晴らしい論文をお書きあげ下さったお三方に心からお礼を申し上げます。また、同じく沖縄から貴重なご意見をお寄せ下さいましたお二人に、連帯の挨拶とともに、お礼を申し上げたいと存じます。

読者の方々が、この小論集を手に取り、広く議論の素材に供して頂けるなら、著者、編者にとってこれ以上の喜びはありません。

編者紹介
塩川喜信（しおかわ　よしのぶ）
「ちきゅう座」編集長、トロツキー研究所所長
東京大学教員、神奈川大学教員を歴任
著書に『高度産業社会の臨界点』などがある。

合澤　清（あいざわ　きよし）
現代史研究会主宰、「ちきゅう座」副編集長
編著書に『ヘーゲル　現代思想の起点』（滝口清栄と共編）がある。

沖縄と日米安保　問題の核心点は何か

2010年4月28日　初版第１刷発行

編　者＊塩川喜信
発行人＊松田健二
発行所＊株式会社社会評論社
東京都文京区本郷2-3-10　tel.03-3814-3861/fax.03-3818-2808
http://www.shahyo.com/
デザイン・製版＊有限会社ケーズグラフィック
印刷・製本＊株式会社技秀堂